mentor training XXL

200 Tests

Englisch 5. – 8. Klasse

Mit Regeln, Beispielen, Lösungen

Angela Einberger
Susanne Leeb

In Zusammenarbeit mit Langenscheidt

mentor
Eine Klasse besser.

Über die Autorinnen:
Angela Einberger, staatlich geprüfte Übersetzerin, M. A. (University of Northern Iowa, USA) in englischer und amerikanischer Literatur, Gymnasiallehrerin für Englisch und Spanisch, Autorin mehrerer didaktischer Werke für Englisch

Susanne Leeb, M. A., Gymnasiallehrerin für Englisch und Italienisch, Autorin mehrerer didaktischer Werke für Englisch und Italienisch

Redaktion: Dr. Petra Begemann

Illustrationen: Elmar Fassold, Nürnberg

Layout: Barbara Slowik, München

Umwelthinweis: Gedruckt auf chlorfrei gebleichtem Papier.

Der Text dieses Bandes entspricht der seit 1.8.2006 verbindlichen neuen Rechtschreibung.

Umwelthinweis: Gedruckt auf chlorfrei gebleichtem Papier

Satz/Repro: Franzis print & media GmbH, München
Druck: Mercedes-Druck, Berlin
Bindung: Stein + Lehmann, Berlin
Printed in Germany
www.mentor.de

ISBN 978-3-580-63861-0

1. 2. 3. 4. 12 11 10 09 08

Einführung

Hallo, liebe Schülerin,
hallo, lieber Schüler!

Teste dein Englisch – und zwar clever und gezielt, um schnell fit für die nächste Klassen- oder Vergleichsarbeit zu sein. Zu jedem Test findest du auf der linken Seite eine kurze Regel oder Erklärung mit Beispielen.

- Die 200 wichtigsten „Stolpersteine“ in Form von Tests aufbereitet: für den schnellen Durchblick!
- Jedem Test geht die entsprechende Erklärung oder Regel voran.
- Praxisbezug durch Beispiele aus dem Alltag, z. B. aus Zeitungen, Witzen und Comics.
- Clever zum Ziel: alphabetische Anordnung der Tests und Register im Anhang.

Ein letzter Tipp und dann geht's los:
Natürlich solltest du auch nicht alle 200 Tests auf einmal machen, sondern sie in kleine Wissenshäppchen aufteilen. Verbessere deinen Test sorgfältig und lese ihn nach einer Woche nochmals durch.

Wenn du einmal durch bist, kannst du im Schnellverfahren überprüfen, ob du die „Stolpersteine“ jetzt locker überwindest.

Viel Spaß beim Testen und Tüfteln wünschen dir

die Autorinnen Angela Einberger und Susanne Leeb
und der mentor Verlag

Lautschriftzeichen und Abkürzungen der Fehlerarten

1. Lautschriftzeichen

Die Lautschrift wird in eckigen Klammern angegeben: **accept** [ək'sept], wobei bei mehrsilbigen Wörtern das Betonungszeichen ˈ vor der betonten Silbe steht.
Lange Vokale wie in **bee** werden durch das Zeichen ː markiert: [biː].

a) Vokale

ɑː	*rather*	[ˈrɑːðə]	e	*hen*	[hen]	ɒ	*rock*	[rɒk]
æ	*land*	[lænd]	ɜː	*girl*	[gɜːl]	ɔː	*paw*	[pɔː]
ʌ	*cut*	[kʌt]	ɪ	*hit*	[hɪt]	ʊ	*look*	[lʊk]
ə	*reader*	[ˈriːdə]	iː	*meet*	[miːt]	uː	*moon*	[muːn]

b) Konsonanten

Hier fehlen Laute wie **m** oder **p**, also Laute, bei denen Schreib- und Lautschriftzeichen identisch sind.

ŋ	*long*	[lɒŋ]	ʒ	*pleasure*	[ˈpleʒə]	ð	*weather*	[ˈweðə]
s	*suffer*	[ˈsʌfə]	dʒ	*jeans*	[dʒiːnz]	j	*yellow*	[ˈjeləʊ]
z	*zero*	[ˈzɪərəʊ]	θ	*through*	[θruː]	v	*visit*	[ˈvɪzɪt]
ʃ	*shop*	[ʃɒp]						

c) Diphthonge

Bei englischen Diphthongen, d.h. bei Verbindungen von zwei Vokalen, wird der erste Bestandteil stärker gesprochen.

eɪ	*state*	[steɪt]	ɪə	*beer*	[bɪə]	ɔɪ	*toy*	[tɔɪ]
aɪ	*wide*	[waɪd]	eə	*where*	[weə]	əʊ	*toe*	[təʊ]
aʊ	*how*	[haʊ]	ʊə	*tour*	[tʊə]			

2. Abkürzungen der Fehlerarten

Wer ganz gezielt bestimmte Fehlerarten bekämpfen möchte, kann sich an den Abkürzungen in den Überschriften der einzelnen Kapitel orientieren:

Ä (Ähnlichkeit)	Zwei oder mehr Wörter **klingen** im Englischen **ähnlich** und werden daher oft verwechselt (z. B. *hole, whole*).
AE-BE (am. – brit. Englisch)	**Ein** und dasselbe **Wort hat im amerikanischen Englisch eine andere Bedeutung als im britischen Englisch** (z. B. *corn, grain, maize*).
F (false friend)	Wörter, die im Englischen und im Deutschen zwar sehr **ähnlich klingen**, aber **verschiedene Bedeutungen** haben (z. B. Publikum – *audience*, aber *public* – öffentlich, Öffentlichkeit).
G (Grammatik)	Häufige **grammatikalische Fehler** (z. B. *stop doing, stop to do*).
M (Mehrfachbedeutung)	Ein deutsches Wort hat **mehrere englische Entsprechungen** (z. B. Karte – *card, postcard, map, menu*).
V (Verwechslungsgefahr)	Zwei oder mehr englische Wörter haben eine **ähnliche Bedeutung** und werden daher oft verwechselt (z. B. *happen, occur, take place*).

Inhaltsverzeichnis

(Die Zahlen geben die **Seitenzahlen** an, nicht die Kapitelnummern.)

1 *able to, capable of* (G)

I wasn't ***able to finish*** *the book, I was too tired.*
Ich war nicht **in der Lage / fähig**, das Buch **zu Ende zu lesen**, ich war zu müde.

He isn't ***capable of something like that****.*
Er ist nicht **imstande, so etwas zu tun**.

Harry is ***capable of talking*** *nonsense all day long.*
Harry **kann** den ganzen Tag lang Unsinn **reden / ist fähig,** ... Unsinn **zu reden**.

> Nach ***be able to*** steht immer der **Infinitiv**.
>
> Nach ***be capable of*** folgt das **Gerundium** oder ein **Substantiv**.

2 *accept, except* (Ä)

I would never ***accept*** *money from him.*
Ich würde niemals Geld von ihm **annehmen**.

I cannot ***accept*** *Julie's behaviour.*
Ich kann Julies Verhalten nicht **akzeptieren / billigen**.

Everybody was there ***except*** *Michael.*
Alle **außer** Michael waren da.

to accept [ək'sept]	–	**annehmen, akzeptieren, billigen**
except [ɪk'sept]	–	**außer**

3 *according to, after* (M)

According to *the timetable, we'll arrive at 3:30 pm.*
Dem Fahrplan **nach / Gemäß** Fahrplan kommen wir um 15:30 Uhr an.

S comes ***after*** *P in the alphabet.*
S kommt **nach** P im Alphabet.

The friends met ***after*** *school.*
Die Freunde trafen sich **nach** der Schule.

according to	–	**gemäß**, **zufolge**, **nach**
after	–	**nach** (in einer Reihenfolge oder zeitlich)

! Beachte:

meiner Meinung **nach** – ***in*** *my opinion*

Test 1

Setze ***able to*** oder ***capable of*** ein:

1. *Do you know if he is* .... *swim?*
2. *You don't know our teacher! He's* .... *giving us a test on the very last day before the holidays!*
3. *Who was* .... *meet the requirements*[1]*?*
4. *Will you be* .... *post this letter for me?*
5. *I couldn't be a butcher. I'm not even* .... *killing a fly.*

? [1]den Anforderungen entsprechen

Test 2

Setze die richtige Form von ***accept*** oder ***except*** ein:

1. *He didn't do anything wrong* .... *that he talked too much.*
2. *It took weeks for the girl to be* .... *by her new classmates.*
3. *I don't think that we have to* .... *his impossible behaviour.*
4. *I* .... *everything* .... *for the last excuse you made.*

We accept cheques and credit cards

Test 3

Übersetze:

1. Kam Paul vor oder nach Terry?

   ....

2. Der Karte nach müssen wir rechts abbiegen.

   ....

3. Nach meinem Wörterbuch kann „nach" „*according to*" oder „*after*" bedeuten.

   ....

4 *advice, advise, practice, practise* (Ä)

*I think I'd rather seek professional **advice**.*	Ich glaube, ich werde lieber professionellen **Rat** / den **Rat** eines Fachmannes einholen.
*I would **advise** you to ask a lawyer about this matter.*	Ich würde dir **raten**, in dieser Angelegenheit einen Rechtsanwalt zu fragen.
*The doctor **advised** him **against** smoking.*	Der Arzt **riet** ihm davon **ab**, zu rauchen.
*If you want to be a professional musician, you need a lot of **practice**.*	Wenn du Berufsmusiker werden willst, brauchst du viel **Übung**.
*If you want to learn an instrument, you should **practise** every day.*	Wenn du ein Instrument lernen willst, solltest du jeden Tag **üben**.

advice [əd'vaɪs] (kein Plural!)	–	**Rat, Ratschlag**
to advise [əd'vaɪz]	–	**raten**
to advise against	–	**abraten von**
Ähnlich unterscheiden sich:		
practice ['præktɪs] (kein Plural!)	–	**Übung, Training**
to practise ['præktɪs] **(AE: *to practice*)**	–	**üben, trainieren**

→ vgl. *practise, train,* 158; *uncountable nouns,* 192

5 *affect, effect* (Ä)

*How will the new law **affect** our business?*	Wie wird **sich** das neue Gesetz auf unser Geschäft **auswirken**?
*Will the new law have any **effects** on our business?*	Wird das neue Gesetz **Auswirkungen** auf unser Geschäft haben?

to affect [ə'fekt]	–	**sich auswirken auf**
effect [ɪ'fekt]	–	**Auswirkung**

! Beachte:

im Affekt – ***in the heat of the moment***

Test 4

Setze die richtige Form von ***advice*** oder ***advise*** ein:

1. *What* .... *did the doctor give you?*
2. *He* .... *me to stop drinking so much alcohol.*
3. *That was certainly good* ....*!*
4. *Although everyone* .... *her against marrying Maurice, Sally ignored all* ....*.*

Setze ***practice*** oder ***practise*** ein:

5. *I'm going to England this summer. I need to* .... *my English.*
6. *A friend of mine is a native speaker, so I get some* .... *talking to her. If you like to, I can introduce you to her and we can* .... *together.*

? [1] Bisher dachte ich, Übung macht den Meister!

Test 5

Setze die richtige Form von ***affect*** oder ***effect*** ein:

1. *Large parts of the north of Africa were* .... *by the drought.*[1]
2. *The last hurricane* .... *the whole east coast of the USA. – What* .... *did it have?*
3. *Let's have a look at the* .... *this experiment has had.*

? [1]Dürre

6 *ago, before* (G)

Scott and Jason met at University three years ***ago****.*	Scott und Jason lernten sich **vor** drei Jahren an der Universität kennen.
There they found out that they had lived in the same neighbourhood ten years ***before****.*	Dort stellten sie fest, dass sie 10 Jahre **zuvor** im gleichen Viertel gelebt hatten.
Have you read this book ***before****?*	Haben Sie dieses Buch **(zuvor) schon** gelesen?
I was sure that I had heard his name ***before****.*	Ich war mir sicher, dass ich seinen Namen **schon einmal** gehört hatte.

> ***ago*** wird verwendet, wenn man **von der Gegenwart in die Vergangenheit** zurückblickt. Es steht immer zusammen mit einer **Zeitangabe** und dem ***past tense***.
>
> ***before*** verwendet man parallel dazu, um **von der Vergangenheit aus** weiter **zurückzublicken**. ***Before*** steht dann zusammen mit dem ***past perfect***.
>
> ***before*** wird aber auch **ohne Zeitangabe** und **mit *present perfect* oder *past perfect*** benutzt. Es bedeutet dann **(jemals) zuvor** oder **schon einmal**.

7 *all, every* (G)

He likes ***all*** *animals.*	Er mag **alle** Tiere.
He likes ***every*** *animal.*	Er mag **jedes** Tier.
She likes ***all*** *literature.*	Sie mag **jede Art von** Literatur.
All her *friends live in this town.*	**Alle ihre** Freunde wohnen in dieser Stadt.
All the *windows were closed.*	**Alle** Fenster waren geschlossen.
Every *window was closed.*	**Jedes** Fenster war geschlossen.

> ***all*** steht zusammen mit dem **Plural**, mit einem **unzählbaren Substantiv** (wie *literature*) oder mit einem **Bestimmungswort (Artikel, Pronomen)**.
>
> ***every*** steht zusammen mit dem **Singular**.

Test 6

Ago oder ***before***? Setze ein:

1. *When did you buy your first computer? – Eight years* ....
2. *And* .... *that you always used a typewriter?*
3. *Of course! Fifteen years* .... *almost everyone used a typewriter. Have you ever written a letter with a typewriter* ....*?*
4. *Well, a couple of months* .... *I found my father's old one in the attic, but I have to admit that I prefer our computer.*

> Twenty years ago the City Theatre opened its doors for the first time. Before that, the theatre company had performed in the town hall or in the school.

Test 7

Setze ***all*** oder ***every*** ein:

1. .... *the pupils in the class hoped that they would pass the exam.*
2. *The film star answered* .... *letter he got from his fans.*
3. *She tried to get* .... *the information she could.*
4. .... *her friends told her that she had done a great job.*
5. .... *single word I say is true.*
6. .... *flowers need water.*

They love all kinds of music!

8 *alley, avenue* (F)

*The **alley** between Lincoln Street and Nelson Street was so narrow that cars couldn't drive through it.*

Die **Gasse** zwischen Lincoln Street und Nelson Street war so schmal, dass Autos nicht hindurchfahren konnten.

*The **avenue** (* ϟ **nicht***: alley) that leads from the village to Newcastle is lined with beautiful old elm trees.*

Die **Allee**, die vom Dorf nach Newcastle führt, ist von wunderschönen alten Ulmen gesäumt.

alley, alley-way	–	**(enge) Gasse**
avenue	–	**Allee**

9 *allowance, permission* (V)

*As a student he was dependent on the **allowance** that his father paid him.*

Als Stundent war er abhängig von der **finanziellen Unterstützung**, die ihm sein Vater zahlte.

*We can't go in there without **permission**.*

Ohne **Erlaubnis** dürfen wir da nicht hineingehen.

allowance	–	**(finanzielle) Unterstützung**
permission	–	**Erlaubnis**

10 *alone, lonely* (V)

*Does Mark live **alone** in this big flat?*

Lebt Mark **allein** in dieser großen Wohnung?

*After all his friends had left, he felt very **lonely**.*

Nachdem alle seine Freunde gegangen waren, fühlte er sich sehr **einsam**.

alone	–	**allein** (neutral)
lonely (AE auch: ***lonesome***)	–	**einsam** (und dabei traurig)

→ vgl. *leave, leave alone,* 130

! Beachte:

to leave somebody alone – **jemanden in Ruhe lassen**

Test 8

Übersetze:

1. Heutzutage gibt es nicht mehr viele Alleen.

....

2. *In most old towns you can find lots of alleys.*

....

3. *A long avenue led towards the castle.*

....

Test 9

Setze ***allowance*** oder ***permission*** ein:

1. *Did your parents give you* .... *to stay out that long?*
2. *The* .... *was hardly enough for them to live on.*
3. *The weekly* .... *that his mother gave him was more than enough.*
4. *Let's ask for* .... *before we go.*

Test 10

Übersetze:

1. Nachdem sie nach London gezogen war, fühlte sie sich sehr einsam.

....

....

2. Ich will nicht allein in die Stadt gehen.

....

....

the lonesome cowboy

11 *also, either* (G)

*I like oysters but I **also** like fish and chips.*	Ich mag Austern, aber ich mag **auch** Fisch und Pommes frites.
*I don't know when Ron will be back and Lily does**n't** know **either**.*	Ich weiß nicht, wann Ron zurück sein wird, und Lily weiß es **auch nicht**.

also wird in **bejahten** Sätzen verwendet.

either wird in **verneinten** Sätzen verwendet.

→ vgl. *furthermore, also, too,* 104

12 *among, between* (M)

*The teacher stood **among** the children.*	Der Lehrer stand **inmitten** der Kinder.
*She found the letter **among** some old newspapers.*	Sie fand den Brief **zwischen** ein paar alten Zeitungen.
*Laura was **among** the first guests.*	Laura war **unter** den ersten Gästen.
*Paul was sitting **between** Pat and Jim.*	Paul saß **zwischen** Pat und Jim.
*There is a beautiful village **between** the river, the lake and the mountains.*	**Zwischen** dem Fluss, dem See und den Bergen liegt ein wunderschönes Dorf.

among entspricht dem deutschen **unter**, **zwischen** oder **inmitten**, wenn man eine **Gruppe** nicht in ihren einzelnen Elementen, sondern **als Gesamtheit betrachtet**.

between verwendet man, wenn etwas oder jemand **zwischen** zwei oder mehreren **deutlich unterschiedenen Elementen** platziert ist.

Test 11

Setze ***also*** oder ***either*** ein:

1. *I haven't seen him for months and I haven't heard from him* ....

2. *I've read all the novels by Claude McKay and I've* .... *read his autobiography.*

3. *Willy built the house all by himself and he* .... *built the garage.*

He likes her sense of humour and he also likes her good looks.

Test 12

Setze ***among*** oder ***between*** ein:

1. *Where is South Carolina? – It's* .... *Georgia, North Carolina and the Atlantic Ocean.*

2. *There are many Americans* .... *my friends.*

3. *There is only one cactus* .... *all my plants.*

4. *Let't put up a swing*[1] .... *those two trees.*

5. *The house was barely visible* .... *the trees.*

6. *Why don't you take a seat* .... *your parents?*

? [1]Schaukel

The house was barely visible among the trees.

13 *any, every* (G, M)

***Any / every** dog needs a daily walk.*	**Jeder** Hund braucht täglich Auslauf.
*You can look **anywhere** you like, you won't find him.*	Du kannst **überall** suchen / suchen, **wo du willst**, du wirst ihn nicht finden.
*I've searched for him **everywhere**, but I couldn't find him.*	Ich habe ihn **überall** gesucht, aber ich konnte ihn nicht finden.
*You can call me **any** time of day.*	Du kannst mich zu **jeder** Tageszeit anrufen.
*I phoned him **every** day but he was never at home.*	Ich habe ihn **jeden** Tag angerufen, aber er war nie zu Hause.

> ***any*** und ***every*** sowie Zusammensetzungen mit diesen Wörtern entsprechen dem deutschen **jeder / jede / jedes**.
>
> Bei **any** steht dabei die **Beliebigkeit** im Vordergrund: **A oder B oder C**:
>
> ***any*** – **jede(r/s) Beliebige**
>
> **every** betont, dass **jedes einzelne** Element einer Gruppe gleichermaßen betroffen ist: **A und B und C**:
>
> ***every*** – **jede(r/s), jede(r/s) Einzelne**

14 *any, some* (G, M)

*I'm going to buy **some** apples.*	Ich werde **ein paar** Äpfel kaufen.
*Can I have **some** tea, please?*	Kann ich bitte **etwas** Tee haben?
*Would you like **some** milk, too?*	Möchtest du auch **etwas** Milch haben?
*Do you know **anything** about him?*	Weißt du **etwas** über ihn?
*I have**n't** got **any** money.*	Ich habe **kein** Geld.

> ***some*** und seine Zusammensetzungen benutzt man in **Aussagesätzen** und wenn man um etwas **bittet** oder etwas **anbietet**.
>
> ***any*** und seine Zusammensetzungen stehen in allen anderen **Fragesätzen** sowie in **verneinten Sätzen**.

! Beachte:

some und ***any*** bleiben oft unübersetzt:

*I'm going to bring **some lemonade**.* – Ich bringe **Limonade** mit.

Test 13

Setze ein: ***any***, ***every***, ***anyone***, ***everyone, anything, everything, anywhere***, ***everywhere***

1. *I asked* .... *I met, but no-one could tell me the right way.*

2. *You can visit me* .... *day of the week.*

3. *With this rail pass you can go* .... *you like for half the price.*

4. *She moved to another town, but she wrote a letter to her parents* .... *week.*

5. .... *can tell you that smoking is bad for your health.*

6. *There were old vases* .... *The whole house was full of them.*

7. *You can ask him* .... *you like;*

   he seems to know ....

Test 14

Setze ein: ***any***, ***some***, ***anywhere***, ***somewhere***, ***anything, something, anyone***, ***someone***

1. *Has* .... *seen my father?*

2. *Would you like* .... *chocolate?*

3. *Let's go* .... *where it's always summer.*

4. *Let's ask* .... *who knows this neighbourhood.*

5. *Do they have* .... *good books there?*

6. *Don't ask him, he won't tell you* ....

7. *Come in and have* .... *coffee with us!*

8. *I couldn't find him* ....

9. *I'm going to buy* .... *biscuits to go with our tea.*

10. *There's* ....*wrong with my phone, I can't hear you properly.*

15 *any way, anyway* (Ä)

*You can do it **any way** you like, it doesn't matter.* — Du kannst es machen, **wie** du willst, es spielt keine Rolle.

*You may be against it but I'm going to the party **anyway**.* — Auch wenn du dagegen bist, gehe ich **trotzdem** auf die Party.

*You don't remember Brian? Well, **anyway**, I met him yesterday.* — Du erinnerst dich nicht mehr an Brian? **Jedenfalls** habe ich ihn gestern getroffen.

any way	–	**wie auch immer, gleichgültig wie**
anyway	–	**trotzdem, jedenfalls**

→ vgl. *any, every,* 13

16 *apologize* u. a. Verben, die im Dt. reflexiv gebraucht werden (G)

*I can't **afford** a new car.* — Ich kann **mir** kein neues Auto **leisten**.

*We **met** at seven o'clock.* — Wir **trafen uns** um sieben Uhr.

Manche Verben sind **im Deutschen, anders als im Englischen, reflexiv**. Einige der wichtigsten:

to afford	–	**sich leisten**
to apologize	–	**sich entschuldigen**
to change	–	**sich (ver)ändern**
to concentrate	–	**sich konzentrieren**
to dress	–	**sich anziehen**
to hurry (up)	–	**sich beeilen**
to imagine	–	**sich etwas vorstellen**
to meet	–	**sich treffen**
to relax	–	**sich entspannen**
to remember	–	**sich erinnern**
to shave	–	**sich rasieren**
to wash	–	**sich waschen**

! Beachte:

Anstatt ***to dress, to shave, to wash*** sagt man häufig auch ***to get dressed, to get shaved, to get washed.***

Test 15

Setze ***any way*** oder ***anyway*** ein:

1. *No matter what you say to her, she's going to marry this guy* ....
2. *You can arrange your birthday party* .... *you like, I don't care.*
3. *I know this is not a nice place to be, but we're here* ....*, so let's make the best of it.*
4. *I shouldn't eat too much fat, but I'm going to eat this piece of cake* ....
5. *How shall we cook the beef? –* .... *is fine.*

Test 16

Übersetze:

1. Du kannst dir nicht vorstellen, wie sehr sie sich verändert hat!

   ....!

2. Beeil dich und zieh dich an!

   ....!

3. Ich entspanne mich am Abend oft mit einem guten Buch.

   ....

4. Er konnte sich nur an den Unfall erinnern, wenn er sich konzentrierte.

   ....

Just relax!

17 *appreciate, guess* (M)

*I **guess** there were about 5000 people at the concert.*

Ich **schätze / vermute**, es waren etwa 5000 Leute **in / bei** dem Konzert.

*I've bought some new shoes. **Guess** how much they cost!*

Ich habe mir neue Schuhe gekauft. **Rate** mal, wie viel sie gekostet haben!

*Harold **appreciated** Lee's present.*

Harold **schätzte** Lees Geschenk / **wusste** Lees Geschenk **zu schätzen**.

to guess	–	**schätzen, vermuten, raten**
to appreciate	–	**schätzen, wertschätzen, zu schätzen wissen**

18 *area, era* (Ä)

*The children knew the **area** around the village very well.*

Die Kinder kannten die **Umgebung** des Dorfes sehr gut.

*The rectangle has an **area** of twelve square centimetres.*

Das Rechteck hat eine **Fläche** von zwölf Quadratzentimetern.

*The **era** of glasnost changed the political situation in Europe considerably.*

Die Glasnost-**Ära** veränderte die politische Situation in Europa erheblich.

area ['eərɪə]	–	**Gegend, Gebiet; Fläche**
era ['ɪərə]	–	**Ära, Epoche**

19 *at first, firstly* (M)

***At first** I didn't like him but later we became good friends.*

Zuerst konnte ich ihn nicht leiden, aber später wurden wir gute Freunde.

***Firstly**, I would like to point out ...*

Zunächst möchte ich darauf hinweisen, ...

at first	–	**zuerst, anfangs**
firstly	–	**als Erstes, erstens, zunächst**

Test 17

Übersetze:

1. Ich schätze dein Angebot wirklich sehr.

....

2. Ich schätze, er ist ungefähr vierzig Jahre alt.

....

3. Carl scheint dein Abendessen nicht zu schätzen.

....

Test 18

Setze ***area*** oder ***era*** ein:

1. *The postwar* .... *was a time of enormous economic growth.*
2. *After the accident the* .... *around the factory was closed to the public.*
3. *How do you measure the* .... *of a circle?*
4. *When did the Thatcher* .... *end?*

> After the devastating earthquake in East Anatolia last week the whole area is without electricity.

Test 19

Setze ***at first*** oder ***firstly*** ein:

1. *Colin was sceptical* .... *but then we were able to convince him.*
2. .... *I would like to welcome you all here.*
3. .... *Mandy thought it would be better to go by car.*
4. .... *I have to admit that* .... *I was a bit afraid of talking to you.*

20 *at the end, at last, finally* (V)

*Our house is **at the end** of the road.*	Unser Haus steht **am Ende** der Straße.
*We arrived in Bristol **at last**.*	**Endlich** kamen wir in Bristol an.
***Finally**, our most important goal is to increase our productivity.*	Unser wichtigstes Ziel ist es **schließlich**, unsere Produktivität zu steigern.
*Chris **finally** got his train set for Christmas.*	Chris bekam zu Weihnachten **endlich** seine Spielzeugeisenbahn.

at the end	–	**zum Schluss**, **am Ende** (**neutral**)
at last	–	**endlich** (impliziert **Ungeduld**)
finally	–	**schließlich**, **endlich** (**letzter Punkt** einer Aufzählung bzw. Verdeutlichung, dass man **lange** auf etwas **warten** musste)

21 *audience, public* (F)

*The **audience** (ϟ **nicht**: public) waited impatiently for the star.*	Das **Publikum** wartete ungeduldig auf den Star.
*This is a private park. It is not open to the **public**.*	Das ist ein privater Park. Er ist nicht für die **Öffentlichkeit** zugänglich.
*The famous couple hoped that their secret marriage would not become **public**.*	Das berühmte Paar hoffte, dass seine heimliche Heirat nicht **öffentlich** werden würde / nicht an die **Öffentlichkeit** dringen würde.

audience	–	**Publikum**
public	–	**Öffentlichkeit, öffentlich**

22 *aware of, familiar with* (V)

*I wasn't **aware of** the problem.*	Ich war mir des Problems nicht **bewusst**.
*I wasn't **familiar with** the problem.*	Ich war nicht **mit** dem Problem **vertraut**.

to be aware of sth.	–	**sich einer Sache bewusst sein**
to be familiar with	–	**vertraut sein mit**

Test 20

Setze ein: ***at the end*, *at last*, *finally***

1. *Firstly, I don't like his appearance; secondly, I don't like his behaviour, and ...., I hate to see him kissing you.*
2. *Students are usually relaxed at the beginning of term but they are under stress .... of it.*
3. *...! We've been waiting for you since the early morning!*
4. *After wandering around for hours, we found our way ....*.

Finally the bus arrived.

Test 21

Setze ***audience*** oder ***public*** ein:

1. *During the first performance of the play the author sat in the ....*.
2. *The .... was informed far too late about the accident in the nuclear power plant.*
3. *If this case of bribery[1] ever becomes ...., it will cause a scandal.*
4. *How will the .... react to the government's new plans?*
5. *The concert was fabulous – the .... gave a standing ovation for several minutes.*

? [1]Bestechung

Test 22

Übersetze:

1. Sind Sie mit diesem Computer vertraut?

....?

2. Sue war sich der Gefahr nicht bewusst.

....

23 *back, backside* (V)

*After the accident Mark's **back** hurt badly.*	Nach dem Unfall schmerzte Marks **Rücken** sehr.
*What's on the **back** of this sheet?*	Was steht auf der **Rückseite** dieses Blattes?
*The kitchen garden is **at the back** of the house.*	Der Gemüsegarten ist **hinter** dem Haus.
*He slipped and fell on his **backside**.*	Er rutschte aus und fiel auf sein **Hinterteil**.

back	–	**Rücken, Rückseite**
at the back of	–	**hinter**
backside	–	**Hinterteil, Hintern**

24 *bath, bathe* (Ä, M)

*Larry couldn't open the door, because he was just **having a bath (bathing)**.*	Larry konnte die Tür nicht öffnen, weil er gerade **badete**.
*Let's go and **bathe** in the river!*	Gehen wir im Fluss **schwimmen**!

to bath [bɑːθ]	–	**baden, ein Bad nehmen** (in der Badewanne)
to bathe [beɪð]	–	**baden, schwimmen** (im Schwimmbad, Meer etc.)

to bath wird in der Umgangssprache **wenig gebraucht**, **stattdessen** sagt man meistens ***to have a bath***, im **AE** auch ***to take a bath***.

Anstatt ***to bathe*** sagt man häufig ***to go swimming***.

! Beachte:

bath [bɑːθ] – *bathing* [ˈbɑːθɪŋ] – *bathed* [bɑːθt]

bathe [beɪð] – *bathing* [ˈbeɪðɪŋ] – *bathed* [beɪðd]

Test 23

Setze ***back*** oder ***backside*** ein:

1. *You must sign the cheque on the* ....
2. *Lillian wrote the number on the* .... *of her hand.*
3. *You shouldn't beat a child, not even on its* ....
4. *Get off your* .... *and go and do your homework!*
5. *I always sleep on my* ....
6. *Timmy can't find his ball. – Have you had a look down the* .... *of the sofa?*

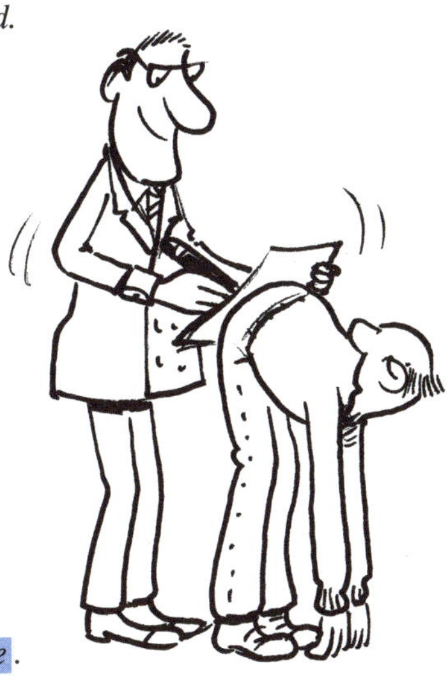

He filled in the form on the backside.

Test 24

Setze ***bath*** oder ***bathe*** ein:

1. *Go upstairs and* ....*! You're dirty!*
2. *After school we all went to the lake to* ....
3. *I don't like going to the mountains, I prefer going to the sea to* ....
4. *Why don't you* .... *now? You want to watch TV later, don't you?*
5. *Little Jimmy has to be made to* .... *regularly – he hates it.*

IT'S NOT ENOUGH
SIMPLY TO BATH –
YOU HAVE TO CHANGE THE WATER
EVERY NOW AND THEN.

25 *because, because of* (G)

We didn't go out ***because*** *it rained.*	Wir gingen nicht hinaus, **weil** es regnete.
We didn't go out ***because of*** *the rain.*	**Wegen** des Regens gingen wir nicht hinaus.
We didn't go out ***because of*** *her.*	**Wegen** ihr sind wir nicht hinausgegangen.

because + **Subjekt** + **Verb**	–	**weil**
because of + **Substantiv** oder **Pronomen**	–	**wegen**

26 *become, get, grow, turn* (M)

Melissa wants to ***become an engineer.***	Melissa will **Ingenieurin werden**.
It's ***becoming / getting*** *cold.*	Es **wird** kalt.
He ***slowly grew (became)*** *angry.*	**Langsam wurde** er ärgerlich.
Suddenly *he* ***turned*** *angry.*	**Plötzlich wurde** er ärgerlich.
After many years he ***turned*** *Baptist.*	Nach vielen Jahren **wurde** er Baptist.
All the leaves ***turned brown.***	Alle Blätter **wurden braun**.
When Steve was angry, he ***turned into*** *a monster.*	Wenn Steve ärgerlich war, **wurde** er **zum** Tier.

to become, ***to get***, ***to grow***, ***to turn*** – alle diese Verben entsprechen **unterschiedlichen Nuancen** des deutschen **„werden“** und werden in **unterschiedlichen Kontexten** gebraucht:

to become	–	in Verbindung mit **Berufsplänen**, ansonsten eher **Schriftsprache**, **neutral**
to get	–	**umgangssprachlich**, **neutral**
to grow	–	**langsamer** Wechsel
to turn	–	Wechsel in einen **völlig anderen Zustand**, oft **abrupt**, wird meist mit **Farben** benutzt
to turn into + **Substantiv**	–	**zu** etwas **werden**

Test 25

Setze ***because*** oder ***because of*** ein:

1. *Everybody was late* .... *the snow.*
2. *First Bill couldn't go to the party* .... *he had to study for the test and*

   then he didn't pass it after all .... *that idiotic third question he hadn't prepared.*
3. *Why didn't you do your homework? –* .... *I didn't feel well.*
4. *Happy birthday! We're all here just* .... *you.*

Test 26

Setze die richtige Form von ***become***, ***get***, ***grow*** oder ***turn (into)*** ein:

1. *It was slowly* .... *dark and cold. Arthur felt very small and lonely in the forest.*
2. *The trees around him seemed to* .... *monsters.*
3. *The noise of the wind in the trees* .... *louder and louder.*
4. *His face* .... *white with fear.*
5. *"Will my feet ever* .... *warm again?" he thought.*
6. *"No," he said to himself, "I'll never* .... *a forester*[1]*."*

? [1]Förster

27 *belong to, own* (V)

*Who does this book **belong to**?* Wem **gehört** dieses Buch?
*It **belongs to** Sarah.* Es **gehört** Sarah.

*Tom **owns** three houses in Yorkshire.* Tom **besitzt** drei Häuser in Yorkshire.

to belong to	–	**gehören**
to own	–	**besitzen**

28 *beside, besides* (M, Ä)

*They sat down **beside** the fountain.* Sie setzten sich **neben** den Brunnen.

*What are you studying **besides** Spanish?* Was studierst du **neben** / **außer** Spanisch?

*We don't have time to go swimming. **Besides**, it's too cold.* Wir haben keine Zeit, schwimmen zu gehen. **Außerdem** ist es zu kalt.

beside	–	**neben** (örtlich)
besides	–	**neben, außer**; **außerdem**

29 *blame, fault* (V)

*It was not his **fault**.* Es war nicht sein **Fehler** / seine **Schuld**.

*George **blamed** his brother **for** the whole problem.* George **gab** seinem Bruder die **Schuld** an dem ganzen Problem.

*Don't put all the **blame** on me!* Gib mir nicht die ganze **Schuld**!

fault	–	**Fehler, Schuld**
to blame so. for	–	**jemandem die Schuld geben**
blame	–	**Schuld**

blame wird **weder als Verb noch als Substantiv nach dem Genitiv** verwendet; daher ***Peter's fault.***

→ vgl. *blame, to make a fool of oneself*, 30; *fault, mistake, error*, 89

Test 27

Übersetze:

1. Rühr den Kuchen nicht an, er gehört mir!

   ....

2. Eines Tages werde ich viel Geld haben und ein großes Haus und ein schnelles Auto besitzen.

   ....

   ....

Test 28

Setze ***beside*** oder ***besides*** ein:

1. *How many guests are coming* .... *the children?*
2. *Why don't you keep a dictionary* .... *you when you are working on a translation?*
3. *I don't want to sit* .... *Jim.* ...., *I promised Jill I would sit next to her.*
4. *I can't come tonight, I haven't finished my homework yet.* ...., *my mother is ill.*

Test 29

Setze ***blame*** oder ***fault*** ein:

1. *Having lost their way, Roger, Hugh and Ben tried to figure out whose* .... *it was.*
2. *Roger wanted to pin all the* .... *on Hugh, but Hugh insisted that it was not entirely his* ....
3. *He thought that the other two were to* .... *at least as much as he was.*
4. *Ben, however, refused to accept the* ....*for anything at all and shouted out that it was Roger's* .... *as much as it was Hugh's.*

In connection with the recent scandal about antibiotics in beef and pork, various organizations blamed the government for not instituting efficient regulation of farmers and butchers.

30 *blame someone, make a fool of oneself* (F)

No one ***blamed*** *the driver for the accident; the road was icy.* – Niemand **gab** dem Fahrer **die Schuld** an dem Unfall; die Straße war vereist.

No one ***is*** *to* ***blame****. The catastrophe was a result of the bad weather.* – Niemand **ist schuld**. Die Katastrophe war Folge des schlechten Wetters.

He ***made*** *a complete* ***fool of himself****.* – Er hat **sich** total **blamiert**.

to blame so. for	–	**jemandem die Schuld geben an**
to be to blame	–	**schuld sein**
to make a fool of oneself	–	**sich blamieren**

→ vgl. *blame, fault,* 29

31 *both, two* (V)

Two *of the children were ill. The others were at school.* – **Zwei** der Kinder waren krank. Die anderen waren in der Schule.

Both *(the) children were ill.* – **Beide** Kinder waren krank.

two	–	**zwei** (zwei von vielen)
both	–	**(alle) beide, alle zwei** (zwei von zweien)

! Beachte:

Artikel oder **Possessivpronomen** stehen immer **nach** ***both***!

Both (of) the / his *sisters were at home.* – **Die / Seine beiden** Schwestern waren zu Hause.

> Yesterday in the late afternoon an accident happened in Oxford Street. A car ignored the red traffic lights and bumped into a lorry. Both the drivers remained unhurt.

Test 30

Setze die richtigen Formen von ***to blame*** oder ***to make a fool of oneself*** ein:

1. *You know you can't sing, so don't* .... *again by getting onto the table and singing after you've had a few pints of beer!*
2. *You've only got yourself to* .... *if your marks aren't as good as they could be. Don't* .... *it on your teacher!*
3. *By admiring him the way you do you are just* .... *. He won't take you seriously this way!*

Test 31

Übersetze:

1. Ihre beiden Katzen spielten gerade im Wohnzimmer.

....

2. Zwei der Pfirsiche hatten eine Druckstelle[1].

....

3. Simon aß alle zwei Kuchenstücke.

....

4. Hast du beide Fenster zugemacht?

.... ?

? [1]*be bruised*

32 *brake, break* (Ä)

*The car **brakes** don't work properly.*	Die **Bremsen** des Autos funktionieren nicht richtig.
*The driver couldn't **brake** anymore.*	Der Fahrer konnte nicht mehr **bremsen**.
*Be careful, the ice might **break**!*	Sei vorsichtig, das Eis könnte **brechen**!

brake [breɪk]	–	**Bremse**
to brake	–	**bremsen**
break [breɪk]	–	**(auseinander)brechen, zerbrechen**

33 *breath, breathe* (Ä)

*The injured man's **breath** slowed down.*	Der **Atem** des Verletzten verlangsamte sich.
*Andy **took a** deep **breath**.*	Andy **holte** tief **Atem / atmete** tief **ein**.
***Breathe** as deeply as you can.*	**Atme** so tief du kannst.

breath [breθ]	–	**Atem**
to take a breath	–	**Atem holen, einatmen**
to breathe [briːð]	–	**atmen**

34 *briefcase, letter box, post-box* (F)

*Sandra always takes her **briefcase** with her when she goes to work.*	Sandra trägt immer ihre **Aktentasche** bei sich, wenn sie zur Arbeit geht.
*Have you looked into the **letter box** yet?*	Hast du schon in den **Briefkasten** geschaut?
*Could you bring this letter to the **post-box** for me?*	Könntest du diesen Brief für mich zum **Briefkasten** bringen?

briefcase	–	**Aktentasche**
letter box **(AE: *mail box*)**	–	**Briefkasten** (am Haus)
post-box **(AE: *mail box*)**	–	**Briefkasten** (der Post)

Test 32

Setze die richtigen Formen von ***brake*** oder ***break*** ein:

1. *You have to .... before you go around a bend.*
2. *Don't .... your leg when you go skiing.*
3. *Have you checked the .... on your bike yet?*
4. *Don't .... that cup, it's my favourite!*

Bottles brake *easily!*

Test 33

Setze die richtigen Formen von ***breath*** oder ***breathe*** ein:

1. *Old dogs usually have bad ....*
2. *Gilbert could hardly .... for excitement.*
3. *There were such a lot of people in the room that Cecil could hardly ....*
4. *Now sit down, take a deep .... and tell me what's happened.*
5. *Unless we concentrate on our .... we usually aren't even aware of the fact that we ....*

Test 34

Übersetze:

1. Heute war ein seltsamer Brief im Briefkasten.

....

2. Ich glaube, ich brauche eine neue Aktentasche.

....

3. Sag es mir bitte, wenn du zufällig einen Briefkasten siehst.

....

35 *briefly, shortly, soon, recently, lately* (V)

*Tell me **briefly** what happened at the meeting.* — Sag mir **kurz**, was **bei** dem Treffen passiert ist.

*Have you read any good books **lately / recently**?* — Hast du **in letzter Zeit** irgendwelche guten Bücher gelesen?

*I saw Matthew in the pub **recently**.* — **Kürzlich** sah ich Matthew in der Kneipe.

*I'll see her **soon / shortly**.* — Ich werde sie **bald** sehen.

briefly	–	**kurz** (in wenigen Worten)
lately	–	**in letzter Zeit**
recently	–	**in letzter Zeit; kürzlich**
soon, shortly	–	**bald, in Kürze**

! Beachte:

Auf ***lately*** und auf ***recently*** im Sinne von **„in letzter Zeit"** folgt immer das ***present perfect***!

36 *bright, wide* (F)

*There was a **bright** light in the room.* — Da war ein **helles** Licht im Zimmer.

*The road is long and **wide**.* — Die Straße ist lang und **breit**.

bright	–	**hell, leuchtend, strahlend**
wide	–	**breit, weit, weiträumig**

The weather forecast for tomorrow: clouds and occasional showers in the north of the country, bright sunshine with temperatures up in the seventies in the south.

Test 35

Übersetze:

1. Hast du Opa in letzter Zeit besucht?

....?

2. Wir gingen bald nach dem Ende des Films heim.

....

3. Kürzlich war ich im Theater.

....

4. Jill und Jake werden bald ankommen.

....

5. Kannst du mir kurz erzählen, wovon das Buch handelt?

....?

Test 36

Übersetze:

1. *It was a bright, sunny day.*

....

2. Die Reiter galoppierten[1] über breite Felder.

....

3. *I like bright colours.*

....

4. Karen mochte die weitläufigen Räume in ihrer neuen Wohnung.

....

5. Eine breite Straße führte zum Haus.

....

? [1]*gallopped*

37 *bring up, educate; upbringing, education* (M, V)

Mrs White has ***brought up*** *five children.*	Mrs White hat fünf Kinder **großgezogen**.
Sarah is such a ***well / badly brought up*** *child.*	Sarah ist so ein **gut / schlecht erzogenes** Kind.
The Ellisons' children have a very good ***upbringing****.*	Die Kinder der Ellisons haben eine sehr gute **Erziehung / Kinderstube**.
He was ***educated*** *at a famous boarding school.*	Er wurde in einem berühmten Internat **erzogen**.
Where did she receive her ***education****?*	Wo erhielt sie ihre **Schulbildung**? (d.h.: Wo ging sie zur Schule?)

to bring up – **erziehen, großziehen, aufziehen**

to bring up (Substantiv: ***upbringing***) bezieht sich vor allem auf das **familiäre Umfeld** sowie auf die **soziale und moralische Erziehung**.

to educate – **erziehen, bilden, ausbilden**

to educate (Substantiv: ***education***) bezieht sich auf die **schulische und intellektuelle Bildung**.

38 *Britain, British Isles, England, the United Kingdom* (V)

Never tell a Welshman or a Scot that he lives in ***England****!*	Sag nie zu einem Waliser oder zu einem Schotten, dass er in **England** lebt!
(Great) Britain *is more than just England.*	**Großbritannien** ist mehr als nur England.
The Republic of Ireland is not part of the ***United Kingdom****.*	Die Republik Irland ist kein Teil des **Vereinigten Königreiches**.
The whole of Ireland is part of the ***British Isles****.*	Ganz Irland ist ein Teil der **Britischen Inseln**.

England: **England** ist nur ein Teil von Großbritannien. Wales, Schottland und Irland gehören nicht zu England.

Britain, Great Britain: **Großbritannien** bezeichnet England, Schottland und Wales.

The United Kingdom: Das **Vereinigte Königreich** umfasst England, Schottland, Wales und Nordirland.

The British Isles: **Die Britischen Inseln** umfassen England, Schottland und Wales sowie ganz Irland.

Test 37

Setze die richtige Form von ***bring up***, ***upbringing***, ***educate*** oder ***education*** ein:

1. *Miriam was* .... *in a very religious family.*
2. *Children of noble families often receive their* .... *at famous and expensive public schools.*
3. *Bernard behaves in such a disgusting way! I wonder what kind of an* .... *he had.*
4. *Tim is such an intelligent young man. I would like to know where he was* ....
5. *In most industrialized countries parents don't have to pay for their children's basic* ....
6. *Evelyn, please behave! Don't forget your* ....*!*

Test 38

Setze ***England, (Great) Britain, the United Kingdom*** oder ***the British Isles*** ein:

1. *Only Northern Ireland belongs to* ....*; the whole of Ireland is a part of* ....*, but it does not belong to* .... *or to* ....
2. *Wales and Scotland are parts of* ....*,* ....*, and* ....*, but not of* ....*. People from Scotland or Wales will be upset if you maintain that their home is in* ....

39 *broad, wide* (M)

*They had to cross a **wide** river on their way.*	Sie mussten unterwegs einen **breiten** Fluss überqueren.
*Ian's suggestion met with **broad** agreement.*	Ians Plan stieß auf **breite** Zustimmung.
*His theory is very **broad**.*	Seine Theorie ist sehr **umfassend**.

wide gibt üblicherweise das deutsche **breit im wörtlichen Sinn** wieder.

broad wird mit **breit im wörtlichen Sinn nur im förmlichen Stil** und zur **Beschreibung von Körperteilen** (*a broad nose, broad shoulders*) verwendet.

Ansonsten bedeutet ***broad*** **breit im abstrakten Sinn**, d.h. **umfassend, allgemein**.

→ vgl. *bright, wide,* 36

40 *by, with* (V)

*Alison found the way **by** asking.*	Alison fand den Weg, **indem** sie fragte / **durch** Fragen.
*Alison found the way **with** a map.*	Alison fand den Weg **mit** einer Karte.

by (+ ***-ing***)	–	**durch, indem** (bezeichnet eine **Handlung**, durch die man etwas erreicht)
with	–	**mit** (bezeichnet ein **Instrument** oder **Hilfsmittel**, mit dem man etwas erreicht)

! Beachte:

Das Gegenteil sowohl von *with* als auch von *by* heißt *without*:

*Alison found the way **without asking / without a map**.*

On Sunday a pickpocket at the Christmas fair had no luck when he tried to steal money from an elderly woman. The courageous lady noticed him and chased him away by hitting him several times with her handbag. Some bystanders grabbed him and held him until the police arrived.

Test 39

Setze ***broad*** oder ***wide*** ein:

1. *Could you give me a .... outline of your ideas?*
2. *Aren't those shoes a bit .... for your feet?*
3. *The governing party met with .... agreement for their proposal.*
4. *A long, ... road led towards the manor house.*

Test 40

Übersetze:

1. Brian verletzte sich mit einem Messer.

....

2. Zoe verjagte[1] den Hund, indem sie einen Stein nach ihm warf.

....

3. Konntest du ihn mit deinen Argumenten überzeugen?

.... ?

4. Sie überredeten[2] ihren Vater, indem sie ihm sagten, dass Liz auch auf die Party gehen durfte.

....

....

? [1]*to chase away* [2]*to persuade*

41 *card, postcard, menu, map* (M)

They played ***cards*** *all night long.*	Sie spielten die ganze Nacht hindurch **Karten**.
Did you get lots of ***cards*** *for your birthday?*	Hast du zum Geburtstag viele **Karten** bekommen?
Why didn't you write me a ***postcard / card****?*	Warum hast du mir keine **Karte / Ansichtskarte / Postkarte** geschrieben?
This seems to be a nice little restaurant. Let's have a look at the ***menu****.*	Das scheint ein nettes kleines Restaurant zu sein. Schauen wir uns doch mal die **Karte / Speisekarte** an!
Why don't you have a look at the ***map*** *if you have lost your way?*	Warum schaust du nicht auf die **Karte**, wenn du dich verlaufen hast?

card	–	**Spielkarte; Glückwunschkarte; auch: Ansichtskarte**
postcard	–	**Postkarte, Ansichtskarte**
menu	–	**Speisekarte**
map	–	**Landkarte, Stadtplan etc.**

You'll find London easily on the card.

42 *careless, carefree* (V)

Tina had a happy and ***carefree*** *childhood.*	Tina hatte eine glückliche und **sorglose** Kindheit.
The accident was caused by a ***careless*** *driver.*	Der Unfall wurde von einem **unachtsamen** Fahrer verursacht.

carefree	–	**sorglos, unbekümmert, unbeschwert**
careless	–	**unachtsam, leichtsinnig, unvorsichtig**

Test 41

Übersetze:

1. Hast du Oma eine Karte zu Weihnachten geschickt?

....?

2. Max hat uns eine wunderschöne Karte aus Italien geschickt.

....

3. Wo liegt Worcester? Ich kann es auf der Karte nicht finden.

....

4. Willst du mit uns Karten spielen?

....?

5. Die Karte dieses Restaurants ist seit Jahren nicht geändert worden!

....!

Test 42

Übersetze:

1. Heutzutage ist die Kindheit nicht mehr so unbekümmert, wie Erwachsene gern glauben.

....

2. Eine unachtsam weggeworfene Zigarette kann ein Feuer verursachen.

....

....

3. Sei nicht so unvorsichtig!

....!

4. Bis zum Tod seiner Frau führte er ein unbeschwertes Leben.

....

43 *carry, wear* (M)

*Can you help me **carry** this box?* — Kannst du mir helfen, diese Kiste zu **tragen**?

*She **wore** a beautiful silk dress at her wedding.* — Sie **trug** bei ihrer Hochzeit ein wunderschönes Seidenkleid.

to carry	–	**tragen** (in der Hand, auf dem Rücken etc.)
to wear	–	**tragen, anhaben** (Kleidung, Schmuck etc.)

! Beachte:

to wear, wore, worn

44 *cell(ular) phone, mobile phone, handy* (F)

*Could I use your **cell(ular) phone / mobile phone** (ϟ **nicht**: handy), please?* — Könnte ich bitte dein **Handy** benutzen?

*Sometimes it's **handy** to have a car.* — Manchmal ist es **praktisch**, ein Auto zu haben.

*I always keep a dictionary **handy** when I do my homework.* — Ich habe immer ein Wörterbuch **griffbereit / zur Hand**, wenn ich meine Hausaufgaben mache.

cell(ular) phone, mobile phone	–	**Mobiltelefon, Handy**
handy (Adjektiv)	–	**praktisch; griffbereit, zur Hand**

45 *chain, necklace* (M)

*The dog was tied to its kennel[1] with a **chain**.* — Der Hund war mit einer **Kette** an der Hütte angebunden.

*Her husband gave her a silver **necklace** for her birthday.* — Ihr Mann hat ihr zum Geburtstag eine silberne **Kette** geschenkt.

chain	–	**Kette** (um etwas anzuketten)
necklace	–	**Kette** (Schmuck)

? [1]Hundehütte

Test 43

Übersetze:

1. Ich trage nicht gerne teuren Schmuck[1].

 ....

2. Wenn die Sonne schien, trug er eine Sonnenbrille, und wenn das Wetter schlecht war, einen Regenschirm.

 ....

 ....

? [1]*jewellery*

Test 44

Übersetze:

1. *Do you happen to have a pen handy?*

 .... ?

2. In vielen Restaurants sind Mobiltelefone unerwünscht[1].

 ....

3. *Have you seen my handy little cell phone?*

 .... ?

? [1]*unwelcome*

Test 45

Setze ***chain*** oder ***necklace*** ein:

1. *Have you seen that beautiful gold* .... *at the jeweller's?*
2. *The shed was kept shut with a heavy iron* ....

Her husband gave her a beautiful chain for their wedding.

46 *chair, seat* (V)

*There were six **chairs** around the table.* – Um den Tisch standen sechs **Stühle**.

*We booked so late that we couldn't get **seats** next to each other.* – Wir buchten so spät, dass wir keine Plätze nebeneinander bekamen.

chair	–	**Stuhl**
seat	–	**Sitz**, **Platz** (im Kino, Flugzeug, Auto etc.)

→ vgl. *place, room, seat,* 157

! Beachte:

*Is this seat **taken**?* – Ist dieser Platz noch **frei**?

Take a seat, please. – **Nehmen Sie doch Platz!**

47 *change, confuse, mix up* (V)

*Brad has **changed** since last summer.* – Brad hat **sich** seit letzten Sommer **verändert**.

*Can we **change** seats?* – Können wir die Plätze **tauschen**?

*People always **confuse** Celia and Amy / **mix up** Celia with Amy.* – Die Leute **verwechseln** Celia immer mit Amy.

to change	–	**ändern, sich verändern; (aus-, um-)tauschen, wechseln**
to confuse sth., to mix up sth.	–	**etwas verwechseln**

48 *channel, programme* (F)

*Which **channel** is "Baywatch" on?* – Auf welchem **Programm** kommt „Baywatch"?

*"Star Trek" was a very popular **programme**.* – „Raumschiff Enterprise" war eine sehr beliebte **Sendung**.

channel	–	**Programm**
programme (**AE:** ***program***)	–	(Fernseh- oder Radio-)**Sendung**

Test 46

Setze die richtige Form von ***chair*** oder ***seat*** ein:

1. *Tom and Anna bought a new set of* .... *for their dining room.*
2. *Children should not sit in the front* .... *of the car.*
3. *I don't like the Royal Cinema. The* .... *there are so uncomfortable.*
4. *The* .... *children have to sit on at school are often bad for their backs.*
5. *Would you please help me to move those* .... *to the next room?*

Test 47

Übersetze:

1. Kannst du 10 Pfund wechseln?

....?

2. Es ist noch nicht zu spät, um unsere Pläne zu ändern.

....

3. Ich werde nie wieder *change* und *confuse* verwechseln.

....

Test 48

Übersetze:

1. Was ist deine Lieblingssendung?

....?

2. MTV ist Marilyns Lieblingsprogramm.

....

49 *choose, elect, vote for* (M)

*Which cake did you **choose**?* — Welchen Kuchen hast du dir **ausgesucht**?

*I wonder who will be **elected** President of the United States.* — Ich bin gespannt, wer zum Präsidenten der Vereinigten Staaten **gewählt** (werden) wird.

*The nice thing about democracy is that you don't have to tell anyone **who you voted for**.* — Das Schöne an der Demokratie ist, dass man niemandem sagen muss, **wen man gewählt hat / für wen man gestimmt hat**.

to choose	–	**(aus)wählen, aussuchen**
to elect	–	**wählen** (Im Mittelpunkt steht das Wahlergebnis.)
to vote for	–	**(jemanden) wählen, stimmen für** (Im Mittelpunkt steht die Stimmabgabe ohne Rücksicht auf das Ergebnis.)

In last Sunday's election the governing party was re-elected for the second time. Only 32% voted for the opposition.

50 *cloth, clothes* (Ä)

*You can use this old **cloth** to clean your bike.* — Du kannst diesen alten **Lappen** nehmen, um dein Rad sauber zu machen.

*Good quality **cloth** was an important item of trade in the Middle Ages.* — **Stoffe / Tücher** von guter Qualität waren im Mittelalter wichtige Handelsgüter.

*I've given away my old **clothes** to the Red Cross.* — Ich habe meine alten **Kleider** dem Roten Kreuz gegeben.

cloth [klɒθ]	–	**Lappen; Stoffe, Tücher**
clothes [kləʊðz]	–	**Kleidung, Kleider**

→ vgl. *fabric, factory,* 84

! Beachte:

Im Sinne von **Stoff** ist im heutigen Englisch das Wort ***fabric*** gebräuchlicher.

Test 49

Übersetze:

1. Das Komitee wählte gestern Pauline Murphy zur Vorsitzenden[1].

....

2. Hast du dir schon einen neuen Teppich ausgesucht?

.... ?

3. Virginia Wood wurde zur beliebtesten Lehrkraft gewählt, obwohl ich Scott Thomas gewählt habe.

....

....

4. Wir konnten zwischen gedecktem Apfelkuchen[2] und Käsekuchen wählen.

....

? [1]*chairwoman* [2]*apple pie*

Test 50

Setze ***cloth*** oder ***clothes*** ein:

1. *I've spilt some apple juice. Could you pass me a* ...., *please?*
2. *The* .... *I took along to Italy this year were much too warm.*
3. *What* .... *are these clothes made of?*

51 *consist of, include* (V)

This cake ***consists*** *of only five ingredients.*	Dieser Kuchen **besteht** aus nur fünf Zutaten.
Vivian's duties as an au-pair ***included*** *taking the children to school.*	Es **gehörte zu** Vivians Pflichten als Au-pair, die Kinder zur Schule zu bringen.
Dessert is ***included*** *in the price.*	Der Nachtisch ist im Preis **enthalten**.

to consist of – **bestehen aus** (ausschließlich)

to include – **enthalten** (unter anderem), **einschließen**

OUR SERVICE PACKAGE INCLUDES THE FIRST AFTER-SALES SERVICE![1]

? [1]Kundendienst

52 *cook, boil* (M)

The water is ***boiling****.*	Das Wasser **kocht / siedet**.
Let's ***boil*** *some eggs for breakfast.*	**Kochen** wir ein paar Eier fürs Frühstück!
Who is ***cooking*** *dinner today?*	Wer **kocht** heute das Abendessen?
The meat isn't ***cooked*** *yet.*	Das Fleisch ist noch nicht **gar**.

boil wird verwendet, wenn eine **Flüssigkeit kocht** bzw. siedet. ***Boil*** bezeichnet auch das **Kochen** von z. B. Gemüse, Reis, Nudeln etc. **in Wasser**.

cook heißt **ein Gericht zubereiten** oder **garen im Allgemeinen**, vor allem dann, wenn keine spezifische Zubereitungsart genannt wird.

! Beachte:

to make coffee **– Kaffee kochen**

Test 51

Übersetze:

1. Ein kostenloses Getränk war im Preis enthalten.

   ....

2. Woraus besteht dieser Cocktail?

   .... ?

3. Ist das Frühstück in Ihrem Angebot inbegriffen?

   .... ?

4. Der Roman besteht aus zehn Kapiteln.

   ....

Test 52

Setze die richtige Form von ***cook*** oder ***boil*** ein:

1. *Are we going to fry or* .... *the vegetables?*
2. *A watched pot never* ....
3. *Do you* .... *a hot meal every day or do you somtimes eat out?*
4. *My father really enjoys* ....

Melt thirty grammes
of butter in a pan,
stir in the flour and
cook for about a minute.

53 cook, chef, cooker (V)

*They've got an excellent **cook / chef** in this restaurant.*

In diesem Restaurant haben sie einen hervorragenden **Koch**.

*Tina and Kevin bought a gas **cooker** for their camping holiday.*

Tina und Kevin kauften für ihren Campingurlaub einen **Gaskocher**.

cook, chef	–	**Koch**
cooker	–	**Kocher**

54 corn, maize, grain (AE-BE)

(AE) *Bread is made of **grain**.*
(BE) *Bread is made of **corn / grain**.*

Brot wird aus **Getreide** gemacht.

(AE) ***Corn** is eaten a lot in the USA.*
(BE) ***Maize** is eaten a lot in the USA.*

In den USA wird viel **Mais** gegessen.

***grain* (AE und BE)** ***corn* (BE)**	–	**Getreide**
***corn* (AE)** ***maize* (BE)**	–	**Mais**

Test 53

Übersetze:

1. Würden Sie uns einen Gaskocher empfehlen?

....?

2. Ich möchte einmal Koch werden.

....

3. Ein guter Koch kann sogar mit einem Campingkocher gut kochen.

....

The cook of the famous restaurant 'Regent's' was arrested yesterday. A waiter claimed that he had seen him mixing dog food into the turkey stuffing.

Test 54

1. Sage in einem amerikanischen Geschäft, dass du zwei Dosen[1] Mais möchtest. Frage dann, aus welchem Getreide das Brot gemacht ist.

....

....?

2. Sage einem Freund aus York, dass du Mais in Dosen nicht magst.

....

3. Erzähle in London, dass du deinem Onkel manchmal hilfst, wenn er das Korn erntet[2].

....

? [1] im AE: *can* [2] *to harvest*

55 *cry, shout, shout at, shout to* (M, V)

*Don't **cry** for him, he's an old egotist!*

Weine ihm nicht nach, er ist ein alter Egoist!

*"Leave me alone!" she **shouted**.*

„Lass mich in Ruhe!", **schrie** sie.

*Don't **shout at** me all the time!*

Schrei mich nicht dauernd **an**!

*"Hello, nice to see you again!" **shouted** Courtney **to** me.*

„Hallo, schön, dich wiederzusehen!", **rief** Courtney mir **zu**.

to cry	–	**weinen**, **schreien** (Babys)
to shout	–	**rufen, schreien**
to shout at so.	–	**jemanden anschreien** (negativ)
to shout to so.	–	**jemandem zurufen** (positiv)

56 *curious, strange* (F)

*Our neighbour is so **curious** that she always knows exactly who is doing what in our house.*

Unsere Nachbarin ist so **neugierig** (↯ **nicht**: kurios), sie weiß immer genau, wer bei uns im Haus gerade was macht.

***Curiously enough**, Mark is still together with Doreen.*

Seltsamerweise ist Mark immer noch mit Doreen zusammen.

*Merlin is such a **strange** dog; he even eats strawberries.*

Merlin ist so ein **kurioser / seltsamer** Hund, er frisst sogar Erdbeeren.

> ***curious*** heißt normalerweise **neugierig**. Nur selten, und vor allem in Wendungen wie z. B. ***curiously enough***, bedeutet ***curious*** **seltsam**.
>
> Das deutsche **seltsam**, **kurios** wird meist mit ***strange*** wiedergegeben.

New in town!

Pizza Alfredo

Get more pizza for your money. Curious?
Bring this coupon and join us for a free drink!

- - - - - - - - - - - - - - - - - - - -

Get one free drink with this coupon.

Test 55

Setze die richtige Form von ***cry, shout, shout at*** oder ***shout to*** ein:

1. *Every morning Milly* ………………………… *"Good morning!" to her neighbour.*
2. *Why does the baby* ………………………… *all the time?*
3. *I don't like teachers who* ………………………… *children.*
4. *You needn't* …………………………, *we can hear you perfectly well.*
5. *He is such a vulnerable[1] child; he starts* ………………………… *easily.*

? [1]verletzlich

Test 56

Übersetze:

1. *Don't be so curious!*

…………………………………………………………………………!

2. Ist Herbert nicht ein seltsamer Mann?

…………………………………………………………………………?

3. *Curiously enough, at the age of 27 Marvin is still living with his parents.*

………………………………………………………………………….

4. *I'm curious to know whether Kelly has passed her exam this time.*

………………………………………………………………………….

57 *custom, habit* (V)

*In England it is not the **custom** to shake hands.*	In England ist es nicht **üblich**, sich die Hand zu geben.
*It is Eileen's **habit** to get up early even at the weekend.*	Es ist Eileens **Gewohnheit**, sogar am Wochenende früh aufzustehen.

custom	–	**Brauch, Sitte** (in einem Land)
to be the custom	–	**üblich sein**
habit	–	**Gewohnheit** (einer einzelnen Person)

!

Beachte:

***to make a habit of sth.* – etwas zur Gewohnheit werden lassen**

58 *damage, damages* (Ä)

*The hurricane caused enormous **damage** to the whole region.*	Der Hurrikan richtete enorme **Schäden** in der ganzen Gegend an.
*After the accident the company paid Peter £ 10,000 in **damages**.*	Nach dem Unfall zahlte die Firma Peter £ 10.000 **Schadenersatz**.

damage (kein Plural)	–	**Schaden, Schäden**
damages (nur im Plural)	–	**Schaden(s)ersatz**

→ vgl. *uncountable nouns,* 192

The damage caused by the accident was considerable.

Test 57

Setze ***custom*** oder ***habit*** ein:

1. *In the USA it is the* .... *to give higher tips than in Germany.*
2. *Tony tried to make it a* .... *to read the newspaper every day.*
3. *Do they have the* .... *of Christmas presents in Japan, too?*
4. *It is not a particularly good* .... *to interrupt*[1] *other people.*

? [1]unterbrechen

Test 58

Setze ***damage*** oder ***damages*** sowie die entsprechende Form von ***to be*** ein:

1. .... *(to be) the* .... *to your car very serious?*
2. *How much did you get in* .... *for the* .... *caused by the exploding fridge?*
3. *In the USA* .... *(to be) usually a lot higher than they are in Germany.*

> Lawyers won damages for an elderly lady who tried to dry her Siamese cat in the microwave oven after the cat had fallen into a pond.

59 *data, date* (Ä)

*At the moment the **data** from the experiment is / are not yet available.* — Im Moment sind die **Daten** des Experimentes noch nicht verfügbar.

*Have you fixed a **date** for your birthday party yet?* — Hat du schon ein **Datum** für deine Geburtstagsparty festgelegt?

*Why are you dressing up? Do you have a **date** today?* — Warum ziehst du dich so chick an? Hast du heute ein **Rendezvous**?

data – **Daten**

Auf ***data*** kann entweder **ein Verb im Singular oder im Plural** folgen. (Üblicher ist Singular.) Das Wort ***data*** selbst hat **keinen Plural**.

date – **Datum**
– **Verabredung, Rendezvous**

→ vgl. *date, appointment,* 60

60 *date, appointment* (V)

*Charley has got a **date** with Linda tonight.* — Charley hat heute Abend eine **Verabredung** mit Linda.

*What's the **date** today?* — Welches **Datum** haben wir heute?

*Sorry, I can't come tomorrow, I've got an **appointment** at the doctor's.* — Ich kann morgen leider nicht kommen, ich habe einen **Termin** beim Arzt.

date – **Verabredung**, meist im Sinne von **Rendezvous**
– **Datum**

appointment – **Verabredung**, **Termin**, insbesondere beim Arzt, bei Vorstellungsgesprächen und bei anderen Anlässen, die **nicht privater Natur** sind

! Beachte:

*Have you seen Brian's **date**?* – Hast du Brians **Verabredung / Bekannte** gesehen?

Test 59

Setze ***date*** oder ***data*** ein:

1. *The* ………………… *of the exam is not yet certain.*
2. *If you don't handle your computer properly, you might lose* ………………… *can be lost.*
3. *Are you sure Angie and Mike have a* ………………… *tonight? I think they really don't fit together at all!*
4. *I'm trying to collect all the available* ………………… *about the topic.*

It's their first *date* *today.*

Test 60

Übersetze:

1. Wow! Du hast heute Abend eine Verbredung mit Marvin?

   …………………………………………………………?

2. Könntest du einen Termin beim Zahnarzt für mich machen?

   …………………………………………………………?

3. Steht das Datum für unser nächstes Treffen schon fest[1]?

   …………………………………………………………?

4. Simon hat heute Abend sein erstes Rendezvous.

   ………………………………………………………….

? [1]*Has ... been set yet?*

61 *dead, died* (Ä)

Mr McAlistair is ***dead****.* — Mr McAlistair ist **tot**.

He ***died*** *a long time ago.* — Er **starb** vor langer Zeit.

dead [ded] (Adjektiv)	–	**tot**
died [daɪd] (Verb; ***past tense*** of ***to die***)	–	**starb**

62 *deal in, deal with* (V)

My uncle ***deals in*** *computer parts.* — Mein Onkel **handelt mit** Computerteilen.

This book ***deals with*** *the American Revolution.* — Dieses Buch **handelt von** der Amerikanischen Revolution.

to deal in	–	**handeln mit**
to deal with	–	**handeln von** (Buch etc.)

63 *deny, refuse* (V)

He was accused of stealing her handbag but he ***denied*** *it.* — Er wurde beschuldigt, ihre Handtasche gestohlen zu haben, aber er **stritt** es **ab**.

Paula asked Jon to help her but he ***refused****.* — Paula bat Jon, ihr zu helfen, aber er **weigerte sich**.

to deny (sth.)	–	**etwas abstreiten, bestreiten**
to refuse (to do sth.)	–	**sich weigern (etwas zu tun)**

Test 61

Übersetze:

1. Wann starb Napoleon?

   ....?

2. Lebt deine Oma noch? – Nein, sie ist seit zwei Jahren tot.

   ....

3. Maes Vater starb, als sie noch ein Kind war.

   ....

Test 62

Übersetze:

1. Ronald handelte mit diesem und jenem, aber einen richtigen Job hatte er nie.

   ....

2. Wovon handelt diese Rede?

   ....?

3. Früher handelte er mit Autos, heute mit Häusern.

   ....

Test 63

Setze die richtige Form von ***deny*** oder ***refuse*** ein:

1. *After they had quarrelled, Arthur* .... *to see his son for some weeks.*
2. *Don't* .... *that you are in love with him!*
3 *The defendant*[1] .... *that he had had anything to do with the crime.*
4. *Peggy* .... *that Phil had* .... *to help her.*

? [1]Angeklagter

64 *depend on, be dependent on* (V)

*What are we going to do tomorrow? – It **depends on** the weather.*

Was machen wir morgen? – Das **hängt** vom Wetter **ab / kommt** auf das Wetter **an**.

*Joshua acts like a baby. He is completely **dependent on** his mother.*

Joshua benimmt sich wie ein Baby. Er ist völlig **abhängig von** seiner Mutter.

to depend on	–	**abhängen von, ankommen auf**
to be dependent on	–	**angewiesen sein auf, abhängig sein von**

!

Beachte:

dependants sind **Angehörige**, insbesondere Kinder.

65 *desert, dessert* (Ä)

*How is "**desert**" defined? – By the amount of precipitation.*

Wie wird „**Wüste**" definiert? – Über die Niederschlagsmenge.

*What's for **dessert**, Mum?*

Was gibt es zum **Nachtisch**, Mama?

desert [ˈdezət]	–	**Wüste**
dessert [dɪˈzɜːt]	–	**Nachtisch, Dessert**

66 *deserve, earn* (M)

*I think you **deserve** a better mark.*

Ich finde, du hast eine bessere Note **verdient**.

*Oliver **earns** good **money** in his job.*

Oliver **verdient** in seinem Job gutes **Geld**.

to deserve	–	**verdienen** (moralisch)
to earn	–	**verdienen** (Geld)

→ vgl. *earn, gain, win,* 72

!

Beachte:

*That **serves** him right!* – Das **geschieht** ihm recht!

Test 64

Übersetze:

1. Ob Eric kommen kann oder nicht hängt von seiner Terminplanung[1] ab.

....

2. Barbara ist auf das Geld ihrer Eltern angewiesen.

....

3. Richard wird sein Leben lang auf Medikamente angewiesen sein.

....

? [1] *schedule*

Test 65

Setze ***desert*** oder ***dessert*** ein:

1. *On my birthday we had ice-cream for* ....
2. *Few people know that the Antarctic is considered a* ....
3 *In the African* .... *the nights are very cold.*
4. *I'd rather have a strong black coffee instead of* ....

LIFE IS UNCERTAIN: EAT DESSERT FIRST!

Test 66

Übersetze:

1. Was habe ich getan, um dies zu verdienen!

.... !

2. Wie viel verdient Margaret?

.... ?

3. Ich finde, du hast dir einen Urlaub verdient.

....

67 *difficult, hard, heavy* (M)

*Why did you split up? – That's **difficult / hard** to explain.*

Warum habt ihr euch getrennt? – Das ist **schwierig / schwer** zu erklären.

*What's in that **heavy** box over there?*

Was ist in der **schweren** Kiste dort drüben?

difficult	–	**schwierig / schwer, kompliziert** (eher **gehobenes Sprachniveau**)
hard	–	**schwierig, kompliziert** (eher **umgangssprachlich**)
heavy	–	**schwer** (Gewicht)

→ vgl. *easy, light, slight,* 73

68 *disinterested, uninterested* (F)

*I'm too involved in this matter. I can't give you **disinterested** advice.*

Ich bin zu sehr in diese Sache verwickelt. Ich kann dir keinen **objektiven** Rat geben.

*Don't you like the football match? You look so **uninterested*** (ϟ **nicht**: *disinterested*).

Gefällt dir das Fußballspiel nicht? Du siehst so **desinteressiert** aus.

disinterested	–	**uneigennützig, objektiv**
uninterested	–	**desinteressiert, uninteressiert, gleichgültig**

69 *during, for* (G, V)

*Where were you **during the holidays**?*

Wo wart ihr **während der Ferien**?

*We stayed there **for three weeks**.*

Wir waren **drei Wochen (lang)** dort.

> ***during*** drückt aus, **wann** etwas passiert oder passiert ist.
>
> ***for*** wird verwendet, wenn man sagen möchte, **wie lange** etwas dauert oder gedauert hat.

→ vgl. *during, while,* 70

Test 67

Setze ***difficult / hard*** oder ***heavy*** ein:

1. *I don't think this exercise is too* ....
2. *Your luggage is very* ....
3. *I always find it* ....
   to stay awake during Mr Johnson's lessons.
4. *Do you find it* ....
   to lift this .... *bag?*

Test 68

Übersetze:

1. Du bist so ein Langweiler[1]. Du bist an allem so desinteressiert!

   ....!

2. Ich glaube nicht, dass sein Angebot ganz uneigennützig war.

   ....

3. Wie kann man nur so uninteressiert an Politik sein!

   ....!

? [1]*a bore*

Test 69

Setze ***during*** oder ***for*** ein:

1. *Abigail was ill* .... *almost three weeks.* .... *this time she had to stay in bed.*
2. .... *how long were you away?*
3. .... *the heavy snowfalls nobody could leave the house. The snowstorm lasted*
   .... *two days.*

70 *during, while* (G, M)

*What happened **during** the past **hour**?*	Was passierte **während** der letzten **Stunde**?
*What happened **while I was** away?*	Was passierte, **während** ich weg **war**?

> Auf ***during*** folgt ein Substantiv.
> Auf ***while*** folgt eine Konstruktion mit einem Verb.

→ vgl. *during, for,* 69; *whereas, while,* 196

71 *each, every* (G, M)

*He carried a bag in **each*** (ϟ **nicht**: *every*) *hand.*	Er trug in **jeder** Hand eine Tasche.
*He gave an autograph to **each of** us.*	Er gab **jedem (Einzelnen) von** uns ein Autogramm.
*The watermelons cost £2 **each**.*	Die Wassermelonen kosten **je** £2.
***Every** plant needs water.*	**Jede** Pflanze braucht Wasser. (ausnahmslos!)
*Live **each / every** day of your life as if it were your last.*	Lebe **jeden** Tag deines Lebens, als ob es dein letzter wäre.

> ***each (of)*** – **jeder** (oft: aus einer Gruppe); **jeder Einzelne**, (nachgestellt:) **je**
>
> ***every*** (ϟ ***of*** ist hier nicht möglich!) – **jeder** (ohne Ausnahme)
>
> In vielen Fällen können **sowohl *each* als auch *every*** benutzt werden. Wird ***each*** verwendet, so betont man, dass **jeder einzelne Teil der Gruppe für sich betrachtet** wird.
>
> Sowohl ***each*** als auch ***every*** können **nur mit einem Substantiv im Singular** verwendet werden.

→ vgl. *all, every,* 7; *any, every,* 13

Test 70

Setze ***during*** oder ***while*** ein:

1. *Will you do the dishes* .... *I am away?*
2. .... *Pam was surfing the net, Virginia wasn't able to phone her friend.*
3. *What I'm going to tell you is very important. Please pay attention* .... *the next 45 minutes.*
4. *Dick has been working on his research paper* .... *the last three weeks.*

Test 71

Setze ***each*** oder ***every*** ein. Verwende beide Lösungen, wo es möglich ist:

1. .... *of the children in our family goes to a different school.*
2. *The children got a bar of chocolate* ....
3. .... *child loves to play.*
4. .... *guest was welcomed with a cocktail.*
5. *I like* .... *of Eugene O'Neill's plays.*
6. *We enjoyed* .... *day of our holidays.*

EVERY DAY
IS THE FIRST DAY
OF THE REST
OF YOUR LIFE!

72 *earn, gain, win* (V)

*How much does Dennis **earn** in his new job?*	Wie viel **verdient** Dennis in seiner neuen Stelle?
*What can we do to **gain** more time?*	Was können wir tun, um mehr Zeit zu **gewinnen**?
*Let's see who will **win** this competition.*	Schauen wir mal, wer diesen Wettbewerb **gewinnt**.

to earn	–	**verdienen** (Geld etc.)
to gain	–	**erreichen, gewinnen,** (Zeit, Erfahrung etc.), **zunehmen**
to win	–	**gewinnen** (Geld, Wettkampf etc.)

→ vgl. *deserve, earn,* 66

73 *easy, light, slight* (M)

*It's not **easy** to play chess well.*	Es ist nicht **einfach**, gut Schach zu spielen.
*Does she eat anything at all? She's as **light** as a feather.*	Isst sie überhaupt etwas? Sie ist so **leicht** wie eine Feder / feder**leicht**.
*This year there was only a **slight** increase in the price of petrol.*	Dieses Jahr gab es nur einen **leichten** Anstieg bei den Benzinpreisen.
*Prices increased only **slightly** this year.*	Die Preise sind dieses Jahr nur **ein bisschen** angestiegen.

easy	–	**einfach, leicht, mühelos**
light	–	**leicht** (Gewicht)
slight	–	**leicht, gering(fügig)**
slightly	–	**ein bisschen, leicht**

→ vgl. *difficult, hard, heavy,* 67

The management is pleased about the slight increase in sales.

Test 72

Setze die richtige Form von ***earn***, ***gain*** oder ***win*** ein:

1. *Look at Adrian! I think he has* .... *weight again!*
2. *The two teams played very well and up to the last minute it was not clear who would* .... *the match.*
3. *I'll have to look for another job to* .... *more money.*
4. *Every week Caroline hoped that she would* .... *the lottery.*
5. *Paula tried in vain*[1] *to* .... *access to her husband's secret bank account.*

? [1]vergeblich

Test 73

Übersetze:

1. Meine Lösung ist ein bisschen anders als deine.

   ....

2. War die Prüfung leicht?

   .... ?

3. Dein Koffer ist ein bisschen leichter als meiner.

   ....

4. Soll ich die Tasche für dich tragen? – Nein danke, sie ist ganz leicht.

   ....

5. Die leichte Anstrengung[1] war zu viel für den Patienten.

   ....

? [1]*strain*

74 *elder, eldest, older, oldest* (M)

*Jim's **eldest / oldest daughter** goes to university.* — Jims **älteste Tochter** geht zur Universität.

*Mr Lincoln is the **oldest** (ϟ **nicht**: eldest) member of the club.* — Mr Lincoln ist das **älteste** Klubmitglied.

*My brother is **older** (ϟ **nicht**: elder) **than** me.* — Mein Bruder ist **älter als** ich.

> ***elder*** steht oft anstelle von ***older***, wenn von **Familienmitgliedern** die Rede ist.
>
> ***elder*** kann nur attributiv (vor einem Substantiv) verwendet werden.

! Beachte:

*an **elderly** Lady* – eine **ältere** Dame

75 *emigrate, immigrate, migrate* (V)

*In the Thirties and Forties many Germans **emigrated** to America.* — In den Dreißiger- und Vierzigerjahren **wanderten** viele Deutsche nach Amerika **aus**.

*Many people from poorer countries are trying to **immigrate** into industrialized countries.* — Viele Menschen aus ärmeren Ländern versuchen, in Industrienationen **einzuwandern**.

*"The Grapes of Wrath" deals with a family that is **migrating** to California during the Depression.* — „Früchte des Zorns" handelt von einer Familie, die während der Depression nach Kalifornien **abwandert**.

to emigrate	–	**auswandern**
to immigrate	–	**einwandern**
to migrate	–	**(ab)wandern** (auch innerhalb eines Landes)

! Beachte:

***migrant workers* – Wanderarbeiter**

Test 74

Übersetze:

1. Ist deine Schwester älter oder jünger als du?

   ....?

2. Toby ist zwei Jahre älter als seine Schwester.

   ....

3. Sams ältestes Kind ist fünf Jahre alt.

   ....

4. Wer ist der älteste Schüler in der Klasse?

   ....?

Test 75

Übersetze:

1. Es ist nicht mehr so einfach wie früher, in die USA einzuwandern.

   ....

2. Im Winter wandern viele ältere Leute wie Zugvögel[1] in den Süden.

   ....

3. In vielen Ländern werden Regimegegner[2] gezwungen auszuwandern.

   ....

? [1]*migratory birds* [2]*opponents of the regime*

? [1]Ich muss mal!

Migratory birds on their way south.

76 *end, finish* (M)

Maggie decided to ***end*** *her relationship with Tony.*	Maggie beschloss, ihre Beziehung zu Tony zu **beenden**.
Let me just ***finish*** *this letter, then I'll play cards with you.*	Lass mich nur gerade diesen Brief **zu Ende bringen**, dann spiele ich mit dir Karten.

to end sth.	–	**etwas beenden, abbrechen** (Im Vordergrund steht der Gedanke der Endgültigkeit.)
to finish sth.	–	**etwas zu Ende bringen, fertig machen** (Die letzten Handgriffe o. Ä. einer Sache ausführen.)

77 *engaged, committed* (F)

I can't come to your party next week, I'm otherwise ***engaged****.*	Ich kann nächste Woche nicht zu deiner Party kommen, ich bin anderweitig **beschäftigt**.
Meg is ***engaged*** *to Gary.*	Meg ist mit Gary **verlobt**.
Nora is ***committed*** *(ϟ* ***nicht****: engaged) to a project that helps young drug addicts.*	Nora **engagiert** sich für ein Projekt, das drogenabhängigen Jugendlichen hilft.

engaged	–	**beschäftigt; verlobt**
committed	–	**engagiert**

78 *everyday, every day* (Ä)

Monica put on her ***everyday*** *dress.*	Monica zog ihr **Alltags**kleid an.
Last week I went swimming ***every day****.*	Letzte Woche war ich **jeden Tag** schwimmen.

everyday (Adjektiv)	–	**alltäglich, Alltags-**
every day	–	**jeder / jeden Tag**

→ vgl. *everyone, every one*, 79; *each, every*, 71

Test 76

Setze die richtige Form von ***end*** oder ***finish*** ein:

1. *Let's .... these lies once and for all[1]. We'll have to come out with the truth!*
2. *Mum, when are we going to the playground? – When I have .... my work.*
3. *Now, let's .... our meal and go for a walk.*
4. *You're lovesick[2]? Well, that's no reason to .... your life, is it?*

? [1]ein für alle Mal [2]Liebeskummer haben

Test 77

Übersetze:

1. Brian ist ein sehr engagierter Lehrer.

....

2. *The doctor is otherwise engaged right now. Can he call you back later?*

.... ?

3. *Is it true that Charlotte is engaged to Raymond?*

.... ?

Test 78

Setze ***everyday*** oder ***every day*** ein:

1. *You needn't water my flowers .... while I'm away.*
2. *This is a nice little dictionary for .... use.*
3. *A man who is seven feet tall is not an .... sight.*

79 *everyone, every one* (Ä)

Everyone *knows that smoking is harmful.*	**Jeder** weiß, dass Rauchen schädlich ist.
Cindy knew ***every one of*** *the Beatles' songs by heart.*	Cindy kannte **jedes einzelne** Lied der Beatles auswendig.

everyone – **jeder** (nur für Personen)

every one of – **jeder / jede / jedes einzelne** … (für Personen oder Dinge)

Sowohl auf ***everyone*** als auch auf ***every one*** **folgt immer** ein Verb im **Singular**!

→ vgl. *everyday, every day,* 78; *each, every,* 71

80 *exciting, excited* (Ä)

This book is really ***exciting****.*	Dieses Buch ist wirklich **aufregend**.
The children were all terribly ***excited****.*	Die Kinder waren alle ganz **aufgeregt**.

exciting – **aufregend, spannend**

excited – **aufgeregt**

→ vgl. *interesting, interested,* 126

81 *exhausted, exhausting, exhaustive* (Ä)

The players were ***exhausted*** *after the match.*	Die Spieler waren nach dem Spiel **erschöpft**.
The hiking tour was very ***exhausting****.*	Die Wandertour war sehr **anstrengend**.
Tom conducted an ***exhaustive*** *study on minerals.*	Tom führte eine **ausführliche** Studie über Mineralien durch.

exhausted – **erschöpft**

exhausting – **anstrengend**

exhaustive – **ausführlich, erschöpfend**

Test 79

Setze ***everyone*** oder ***every one*** ein:

1. *In most Western countries* .... *has to go to school.*

2. *Linda thinks that* .... *of her mother's relatives is silly.*

3. .... *of these old stamps is a little treasure.*

4. *Maurice always tried to be nice to* .... *but in the end* .... *of his friends let him down.*

EVERYONE COMPLAINS ABOUT THE BAD WEATHER, BUT NOBODY'S DOING ANYTHING ABOUT IT!

Test 80

Setze ***excited*** oder ***exciting*** ein:

1. *Peter was so* .... *about his first job interview that he almost forgot to shave.*

2. *What will Clive look like after all those years? I'm so* .... *about meeting him!*

3. *How was the movie? – Not very* ....

4. *Why are you so* ....*? Has something unusual happened?*

Test 81

Setze ***exhausted***, ***exhausting*** oder ***exhaustive*** ein:

1. *The police conducted an* .... *investigation into the matter.*

2. *You look so* ....*. Did you run here?*

3. *I hate taking exams; I'm always so* .... *afterwards.*

4. *I can hardly breathe. That was a really* .... *bike tour.*

5. *This book deals with the Second World War in a very* .... *way.*

82 *expect, wait for* (V)

*I don't **expect** much of him.* – Ich **erwarte** nicht viel von ihm.

*How long have you been **waiting**?* – Wie lange hast du **gewartet**?

to expect	–	**erwarten, rechnen mit**
to wait for	–	**warten auf**

Beachte:

*Sammy **couldn't wait** for Sunday.* – Sammy **konnte** den Sonntag **nicht erwarten**.

83 *explode, exploit, explore* (Ä)

*Shortly after the accident the car **exploded**.* – Kurz nach dem Unfall **explodierte** das Auto.

*In the 19th century many factory workers were **exploited** by unscrupulous bosses.* – Im 19. Jahrhundert wurden viele Fabrikarbeiter von skrupellosen Bossen **ausgebeutet**.

*Much of the rain forest is still being **explored**.* – Große Teile des Regenwaldes werden noch **erforscht**.

to explode	–	**explodieren**
to exploit	–	**ausbeuten** (Menschen, Bodenschätze)
to explore	–	**erforschen** (meist Gebiet)

84 *fabric, factory* (F)

*I like the **fabric** of your new trousers.* – Mir gefällt der **Stoff** deiner neuen Hose.

*What is produced in the **factory** (ϟ **nicht:** fabric) over there?* – Was wird in der **Fabrik** dort drüben hergestellt?

fabric	–	**Stoff, Gewebe**
factory	–	**Fabrik**

→ vgl. *cloth, clothes,* 50

Test 82

Übersetze:

1. Ich erwarte ihn gegen 3 Uhr.

....

2. Ich wartete stundenlang auf ihn.

....

3. Erwartest du (etwa), dass ich noch länger auf ihn warte?

.... ?

Test 83

Setze die richtige Form von ***explode***, ***exploit*** oder ***explore*** ein:

1. *Kuwait's wealth is mainly based on natural resources. The country fully* .... *its vast oil fields.*
2. *Last Sunday another bomb* .... *in the centre of Belfast.*
3. *There are hardly any unknown regions on this planet any more. Every square inch seems to have been* ....
4. *In many third-world countries children are* .... *as cheap workers.*

Test 84

Setze die richtige Form von ***fabric*** oder ***factory*** ein:

1. *Jason works in the local* ....
2. *I'm going to buy some striped* .... *for a new blouse.*
3. *I prefer natural* .... *to synthetics.*
4. *There used to be a* .... *over there, but it was closed down a couple of years ago.*

85 *fantasy, imagination* (F)

*His idea of becoming a famous musician is nothing but pure **fantasy**.*

Seine Idee, ein berühmter Musiker zu werden, ist nichts als ein **Hirngespinst**.

*Try and find a creative solution; use your **imagination*** (ϟ **nicht**: *fantasy*)!

Versuche, eine kreative Lösung zu finden; benutze deine **Fantasie**!

fantasy	–	**Hirngespinst, Einbildung**
imagination	–	**Fantasie**

86 *far, a long way* (M)

*Jake had to walk **a long way** until he reached his destination.*

Jake musste **weit** laufen, ehe er sein Ziel erreichte.

*Do you live **far** from here?*

Wohnst du **weit** von hier?

*I hope it's **not** too **far** to the next restaurant.*

Ich hoffe, es ist **nicht** so **weit** bis zum nächsten Restaurant.

*How are you settling in? – Very well **so far**.*

Haben Sie sich schon eingelebt? **Bis jetzt** sehr gut.

> In **bejahten Sätzen** sagt man normalerweise ***a long way***.
>
> ***far*** wird in **Fragen** und **verneinten Sätzen** verwendet. In **bejahten Sätzen** verwendet man ***far* nur bei Zusammensetzungen** wie ***as far, so far, too far, far enough.***

87 *fare, ticket* (V)

*How much is the **fare**?*

Wie hoch ist der **Fahrpreis**?

*I'll buy three **tickets** for us.*

Ich kaufe drei **Fahrkarten** für uns.

fare	–	**Fahrpreis, Beförderungsentgelt**
ticket	–	**Fahrkarte; Eintrittskarte**

Test 85

Setze ***fantasy*** oder ***imagination*** ein:

1. *Corinna had such a lively .... as a child that she didn't need many toys to play with.*
2. *Catherine has completely lost touch with reality and lives in a .... world.*
3. *Grandma had a wonderful .... She never read to us; she told us stories that she invented herself.*

Test 86

Setze ***far*** oder ***a long way*** ein:

1. *How .... is the nearest underground?*
2. *I think you went too .... when you asked the maths teacher if he had ever seen a university from the inside.*
3. *We still have to go .... until we are where we want to be.*
4. *Where is the next bar? .... enough away to make you feel thirsty when you get there.*
5. *It's .... from New York to LA.*

SOMETIMES YOU HAVE TO GO TOO FAR
IN ORDER TO SEE HOW FAR YOU CAN GO

Test 87

Übersetze:

1. Carl kaufte Karten für die ganze Klasse.

   ....

2. Wartet auf mich! Ich muss noch mein Fahrgeld bezahlen!

   .... !

88 *farther, further* (Ä, M)

*Which is **farther / further**, London or Paris?*	Was ist **weiter (weg)**: London oder Paris?
*Would you like **further** advice? Ask your doctor.*	Wünschen Sie **weitere** Ratschläge? Fragen Sie Ihren Arzt.

Sowohl *farther* [ˈfɑːðə] **als auch *further*** [ˈfɜːðə] können verwendet werden, wenn man von **Entfernungen** spricht.

Meint man **weiter im Sinne von mehr / zusätzlich,** so kann man **nur *further*** verwenden.

89 *fault, mistake, error* (M)

*It was not entirely my **fault**.*	Es war nicht allein meine **Schuld** / mein **Fehler**.
*There were lots of **mistakes / errors** in Mark's homework.*	In Marks Hausaufgabe waren viele **Fehler**.

fault – **Fehler, Schuld**

mistake, error – **Fehler, Irrtum**

mistake wird häufiger verwendet als ***error***. ***Error*** klingt etwas **gehobener** und wird in feststehenden **Wendungen** wie ***typing error*** **(Tippfehler)** oder ***printing error*** **(Druckfehler)** verwendet.

→ vgl. *blame, fault*, 29

90 *favourable, in favour of* (V)

*Everyone **was in favour of** Hank's suggestion.*	Jeder **war für** Hanks Vorschlag.
*The reviews of the play were **favourable**.*	Die Kritiken des Stückes waren **positiv**.

favourable – **positiv, günstig**

to be in favour of – **dafür sein, befürworten**

Test 88

Setze ***farther*** oder ***further*** ein. Verwende ***farther***, wo immer es möglich ist:

1. *Are there any* .... *problems?*
2. *When the first Europeans reached the Grand Canyon, they couldn't go any* ....
3. *This time the children went* .... *into the forest than ever before.*

YESTERDAY WE WERE AT THE EDGE OF A PRECIPICE[1] – TODAY WE ARE ONE STEP FURTHER!

? [1]Abgrund

Test 89

Setze die richtige Form von ***fault*** oder ***mistake / error*** ein:

1. *How many* .... *were there in the calculation?*
2. *Sorry, it was my* .... *that the dog knocked you over. I shouldn't have let her off the leash*[1].
3. *You made a big* .... *here. Your results came out all wrong.*

? [1]Leine

Test 90

Übersetze:

1. *The comments about the football match weren't exactly favourable.*

....

2. *Are you in favour of or against nuclear energy?*

.... ?

91 *fee, payment* (V)

*Did your lawyer charge a high **fee**?*	Hat Ihr / dein Anwalt ein hohes **Honorar** verlangt?
***Payment** can be made by cheque.*	Die **Zahlung** kann per Scheck erfolgen.

fee	–	**Honorar, Gebühr** (beim Arzt, Anwalt etc.)
payment	–	**Zahlung, Bezahlung**

! Beachte:

payments – **Raten**

92 *female, feminine* (M)

*A **female** horse is called mare.*	Ein **weibliches** Pferd nennt man Stute.
*His voice sounds quite **feminine**.*	Seine Stimme klingt ziemlich **weiblich**.
*Is "table" masculine or **feminine** in German?*	Ist „Tisch" im Deutschen Maskulinum / männlich oder **Femininum / weiblich**?

female	–	**weiblich** (neutrale Angabe des Geschlechtes)
feminine	–	**weiblich, feminin** (auch für das grammatische Geschlecht: **Feminimum**)

→ vgl. *male, masculine*, 136

93 *fight, quarrel* (V)

*The boys **fought** until their noses bled.*	Die Jungen **rauften**, bis ihre Nasen bluteten.
*Stop **quarrelling**! – We are not **quarrelling**, we are just discussing rather loudly.*	Hört auf zu **streiten**! – Wir **streiten** nicht, wir diskutieren nur etwas laut.

to fight	–	**kämpfen, raufen** (körperlich)
to quarrel	–	**streiten** (verbal)

Test 91

Setze die richtige Form von ***fee*** oder ***payment*** ein:

1. *You probably won't find a doctor who doesn't charge a* .... *for the treatment.*
2. *You can pay off the car in monthly* .... *of £50.*
3. *They expect prompt* .... *of their bills.*
4. *Your tutor charges a rather high* ....*, doesn't he?*

Test 92

Setze ***female*** oder ***feminine*** ein:

1. *Is your dog* ....*?*
2. *I like your dress. It makes you look very* ....*.*
3. *How come there are so few* .... *doctors?*
4. *Why do you always say 'das Flasche'? 'Flasche' is* ....*!*

It's a feminine cat.

Test 93

Setze die richtige Form von ***fight*** oder ***quarrel*** ein:

1. *The two drunkards*[1] .... *with each other until their friends separated them.*
2. *Why must you always* ....*! Can't you talk to each other quietly?*
3. *You can* .... *as long as you like, but please don't start* ....*! I'm not going to take you to hospital!*

? [1]Betrunkene

94 *find, found* (G, V)

*I can't **find** my umbrella.*	Ich kann meinen Regenschirm nicht **finden**.
*Finally they **found** an affordable flat.*	Endlich **fanden** sie eine bezahlbare Wohnung.
*One day I will **found** a company of my own.*	Eines Tages werde ich eine eigene Firma **gründen**.
*The school was **founded** in 1865.*	Die Schule wurde 1865 **gegründet**.

to find, found, found – **finden**
to found, founded, founded – **gründen**

95 *first floor* (AE-BE)

*You'll find sportswear on the **first floor**.*	Im **Amerikanischen**: Sportkleidung finden Sie im **Erdgeschoss**. Im **Englischen**: Sportkleidung finden Sie im **ersten Stock**.
*The administration is on the **ground floor**.*	Im **Englischen**: Die Verwaltung befindet sich im **Erdgeschoss**.

Im **Amerikanischen** zählt man die Stockwerke wie folgt:

***first floor* (Erdgeschoss), *second floor* (erster Stock), *third floor* (zweiter Stock)** etc.

Im **Englischen** werden die Stockwerke anders gezählt: ***ground floor* (Erdgeschoss), *first floor* (erster Stock), *second floor* (zweiter Stock)** etc.

Test 94

Setze die entsprechenden Formen von ***find*** oder ***found*** ein:

1. *Did you* .... *what you were looking for?*
2. *Who* .... *Rome?*
3. *They are planning to* .... *a hospital here.*
4. *Harold* .... *a handbag and brought it to the police.*

Test 95

1. Frage in einem amerikanischen Kaufhaus nach der Treppe in den zweiten Stock.

....?

2. Erkundige dich in einem britischen Bürohaus, ob sich Mr Millers Büro im Erdgeschoss oder im zweiten Stock befindet.

....?

96 *fit, suit, match* (M)

These trousers don't ***fit*** *me, they are too large.*	Diese Hose **passt** mir nicht, sie ist zu groß.
Red doesn't ***suit*** *you.*	Rot **steht** dir nicht.
I'm looking for a jacket to ***match*** *these trousers.*	Ich suche eine Jacke, die **zu** dieser Hose **passt**.

to fit	–	**passen** (Größe)
to suit	–	**jemandem stehen**
to match	–	**zusammenpassen, passen zu**

97 *flesh, meat* (M)

My parents are vegetarians. They don't eat any ***meat****.*	Meine Eltern sind Vegetarier. Sie essen kein **Fleisch**.
The cut ist not very deep – it's only a ***flesh*** *wound.*	Der Schnitt ist nicht sehr tief, es ist nur eine **Fleisch**wunde.
He is of my own ***flesh*** *and blood.*	Er ist mein eigen **Fleisch** und Blut (= ein naher Verwandter).
The spirit is willing but the ***flesh*** *is weak. (saying)*	Der Geist ist willig, aber das **Fleisch** ist schwach. (Sprichwort)
The ***flesh*** *of these peaches is very soft.*	Das **Fleisch** dieser Pfirsiche ist sehr weich.

meat	–	**Fleisch** als Nahrung
flesh	–	**Fleisch** als Substanz des Körpers; als Gegensatz zum Geist; **Fruchtfleisch**

He's buying some meat.

Test 96

Setze die richtige Form von ***fit***, ***suit*** oder ***match*** ein:

1. *Conny prefers trousers because she thinks skirts don't* .... *her.*
2. *I must lose weight; my clothes don't* .... *me any more.*
3. *You can't wear these shoes. They don't* .... *your trousers.*
4. *The children have grown during these last months. They all need new jackets because the old ones don't* .... *them any more.*
5. *These trousers* .... *your T-shirt, but they don't* .... *you at all.*

Test 97

Setze ***flesh*** oder ***meat*** ein:

1. *Would you like some more* ....*?*
2. *Humans are made of* .... *and bones.*
3. *I could never be a doctor. The sight of blood or of a* .... *wound makes me sick.*
4. *I like orange juice but I don't like the fruit* ....
5. *The* .... *our butcher sells is of a very high quality.*

THE FLESH WAS WILLING

BUT THE GRASS WAS WET.

98 *flood, high tide* (M)

*Last year's **flood** destroyed large parts of the country.*
Die **Flut / Überschwemmung** im letzten Jahr hat weite Teile des Landes zerstört.

*The **high tide** washed a lot of rubbish ashore.*
Die **Flut** hat viel Müll angeschwemmt.

flood	–	**Flut, Überschwemmung**
high tide	–	**Flut** (im Gegensatz zur Ebbe)

99 *foreigner, stranger* (V)

*Not all the tourists here are **foreigners**.*
Nicht alle Touristen hier sind **Ausländer**.

*Our cat doesn't like **strangers** in the house.*
Unsere Katze mag keine **Fremden** im Haus.

foreigner	–	**Ausländer**
stranger	–	**Fremder**

! Beachte:

Fremdenführer – ***tourist guide***

100 *form, formula* (F)

*What **form** should the letter have?*
Welche **Form** soll der Brief haben?

*Please fill in this **form** (ϟ **nicht**: formula).*
Füllen Sie bitte dieses **Formular** aus.

*What's the **formula** of this medicine?*
Wie lautet die **Rezeptur** für dieses Medikament?

form	–	**Form**, **Formular**
formula	–	(math. oder chem.) **Formel, Rezeptur**

Test 98

Setze die richtige Form von ***flood*** oder ***high tide*** ein:

1. *It's more dangerous to swim at low tide than it is at* ....*.*

2. *When the moon is full, the* .... *is higher than usual.*

3. *Egypt's agriculture used to depend on the regular* .... *of the Nile which made the soil fertile.*

4. *Due to heavy rainfall the whole region was affected by a severe* ....*.*

Test 99

Setze die richtige Form von ***foreigner*** oder ***stranger*** ein:

1. .... *often have a hard time understanding our language.*

2. *I'm a complete* .... *here. Can you tell me where to go?*

3. *When we go abroad we are all* ....*.*

4. *Are there any* .... *in the house? The dogs are barking like mad.*

5. *At my university there are a lot of* ....*, especially from Asia and Africa.*

Test 100

Übersetze:

1. Gibt es bei diesem Gedicht einen Zusammenhang zwischen Form und Inhalt?

   ....?

2. Ich hasse es, Formulare auszufüllen.

   ....

3. *Is there a formula for this mathematical problem?*

   ....?

101 *free, liberal, vacant* (M)

*He's not in prison any more, he's **free** now.*	Er ist nicht mehr im Gefängnis, er ist jetzt **frei**.
*This cup of coffee is **free**.*	Diese Tasse Kaffee **kostet nichts**.
*Our mayor is a very **liberal** thinker.*	Unser Bürgermeister ist ein sehr **liberaler** Denker.
*We have no **vacant** rooms at the moment.*	Wie haben zurzeit keine **freien** Zimmer.

free	–	**frei** (von Einengung, Zwang), **kostenlos**
liberal	–	**frei** (von Voreingenommenheit), **tolerant, liberal**
vacant	–	**frei, unbesetzt, leer**

102 *friendly to, friendly with* (Ä)

*In Italy everybody was **friendly to** me.*	In Italien war jeder **freundlich** zu mir.
*Please, be **friendly to** her!*	Bitte sei **nett** zu ihr!
*Last year I became **friendly with** my new neighbours.*	Letztes Jahr **freundete** ich mich mit meinen neuen Nachbarn **an**.
*My daughter just won't become **friendly with** her classmates.*	Meine Tochter will sich einfach nicht mit ihren Klassenkameraden **anfreunden**.

to be friendly to	–	**freundlich / nett** zu jemandem **sein**
to be / become friendly with	–	**sich mit** jemandem **anfreunden**

Test 101

Setze ***free, liberal*** oder ***vacant*** ein:

1. *Are there any* .... *seats in the dining-room?*
2. *Or headmaster has a very* .... *opinion about censorship.*
3. *I got this newspaper for* ....
4. *The position of manager is not* .... *any more.*
5. *The judge set the burglar* ....
6. *We have three* .... *apartments in the building at the moment.*
7. *The ministers don't like Miller's* .... *views.*

Test 102

Setze die richtige Präposition ein: ***to*** oder ***with***?

Liz a very nice person. She is always friendly .... *everybody. It is very easy to become friendly* .... *her. In her family everybody is friendly* .... *one another. Liz has very quickly become friendly* .... *the whole neighbourhood.*

103 *fun, funny* (V)

*It's no **fun** waiting for hours in the pouring rain.* — Es **macht** keinen **Spaß**, stundenlang im strömenden Regen zu warten.

*John is great **fun**.* — John ist sehr **unterhaltsam**.

*I love this book; it's so **funny**.* — Ich liebe dieses Buch; es ist so **witzig**.

*Our teacher always tells **funny** jokes.* — Unser Lehrer erzählt immer **lustige** Witze.

it is fun	–	**es macht Spaß; es ist unterhaltsam**
it is funny	–	**es ist witzig / lustig / komisch, bringt einen zum Lachen**

104 *furthermore, also, too* (M)

***Furthermore**, I must say that I can't agree with you at all.* — **Ferner** muss ich sagen, dass ich dir überhaupt nicht zustimmen kann.

***Furthermore** he wanted to know where we lived.* — **Weiterhin** wollte er noch wissen, wo wir wohnten.

*Peter loves reading. He **also** plays chess.* — Peter liest gerne. Er spielt **auch** Schach.

*Linda is in London, and Tom is **also** there.* — Linda ist in London und Tom ist **auch** da.

*We live in London, **too**.* — Wir leben **auch** in London.

furthermore wird für das deutsche **auch** nur dann verwendet, wenn es im Sinne von **darüber hinaus, ferner, weiterhin** verwendet wird.

also wird allgemein für das deutsche **auch** verwendet und steht **vor dem Verb** oder **nach *be***.

too wird allgemein für das deutsche **auch** verwendet und wird **mit einem Komma an das Ende des Satzes gestellt**.

→ vgl. *also, either,* 11

Test 103

Setze ***fun*** oder ***funny*** ein:

In his free time Peter works as a clown. He always tells .... jokes and stories. It is a lot of .... for him to stand in front of many people and be .... For the children watching him it is also great .... and they love his .... face. Sometimes, however, Peter is very sad and tired. Then he can't be as .... and you can see that the work is not as much .... for him then.

Test 104

Setze ***furthermore***, ***also*** oder ***too*** ein:

Amanda lives on a farm. They have ducks and they have sheep, ... On the farm there are .... hens and cows. Like her brother, Peter, Amanda .... milks the cows. .... she feeds them in the morning and in the evening, sometimes .... in the afternoon. .... it is her duty to clean their stables. Sometimes Amanda would like to live in a big town. She likes skyscrapers and she loves meeting many different people, ... She .... likes shopping. She takes the bus into town every weekend. .... she spends her holidays at her aunt's house in London.

105 *game, play, match* (M)

*My favourite **game** is Monopoly.*	Mein Lieblings**spiel** ist Monopoly.
*I like **playing games**.*	Ich **spiele** gerne **Spiele**.
*Children use this time for **play**.*	Kinder nutzen diese Zeit zum **Spiel**.
*Tomorrow we will see a modern **play** in the new theatre.*	Morgen werden wir ein modernes Theaterstück in dem neuen Theater sehen.
*The 'Lions' won yesterday's football **match**.*	Die „Lions" haben das gestrige Fußball**spiel** gewonnen.

game (Substantiv)	–	**Spiel**
to play (Verb)	–	**spielen**
play (Substantiv)	–	**Spiel** (im Gegensatz zur Arbeit); **Schauspiel, Theaterstück**
match	–	**Spiel** (sportlicher Wettkampf)

106 Genitiv *'s*, *of*-Genitiv (G)

*My **sister's** name is Mandy.*	Der Name **meiner Schwester** ist Mandy.
*The **horse's** leg is broken.*	Das Bein **des Pferdes** ist gebrochen.
*Mr Simpson is the owner **of the disco**.*	Mr Simpson ist der Besitzer **der Disco**.
*Oh, the **door of the garage** is closed.*	Oh, das **Garagentor** ist geschlossen!

Der *s*-**Genitiv** wird für **Personen** und **Tiere** verwendet.

Der *of*-**Genitiv** wird für **Dinge** verwendet.

Test 105

Setze ***game***, ***play(s)*** oder ***match*** ein:

1. *My favourite* .... *is chess.*
2. *I* .... *it twice a week.*
3. *Did you see the fantastic* .... *in the town hall yesterday?*
4. *I love Shakespeare's* ....
5. *Did you see the volleyball* .... *last week? It was fantastic.*
6. *Every Sunday afternoon we* .... *soccer.*
7. *We still need a referee*[1] *for our tennis* .... *on Sunday.*

? [1]Schiedsrichter

Test 106

Verbinde die beiden Satzteile miteinander:

Beispiel: *the name / my sister: my sister's name*

1. *the dog / our teacher:* ....
2. *the door / the house:* ....
3. *the car/ Sally / parents:* ....
4. *the legs / the chair:* ....
5. *the tail / the horse:* ....
6. *the house / my friends:* ....
7. *the name / that street:* ....

107 *gently, politely, gentle, polite* (V)

Mary caressed her little brother ***gently****.*	Mary streichelte ihren kleinen Bruder **sanft**.
You must handle the little baby ***gently****.*	Du musst **behutsam** mit dem kleinen Baby umgehen.
"May I help you?" the shop assistant asked ***politely****.*	„Kann ich Ihnen helfen?", fragte der Verkäufer **höflich**.
Cindy has a very ***gentle*** *voice.*	Cindy hat eine sehr **sanfte** Stimme.
The British are said to be always ***polite****.*	Man sagt, dass die Briten immer **höflich** sind.

gently (Adverb) – **sanft, zart, behutsam**
politely (Adverb) – **höflich**
gentle (Adjektiv) – **sanft, behutsam**
polite (Adjektiv) – **höflich**

108 Gerundium nach der Präposition *to* (G)

I am looking forward ***to meeting*** *you.*	Ich freue mich darauf, dich **zu treffen**.
I am used ***to getting*** *up early.*	Ich bin es gewohnt, früh **aufzustehen**.
Sam objects ***to*** *me / my* ***smoking****.*	Sam hat was dagegen, wenn **ich rauche**.
He wants ***to tell*** *me a joke.* (*to* gehört zum Infinitiv!)	Er will mir einen Witz **erzählen**.

Nach **Verben**, die mit einer **Präposition** verbunden sind, benutzt man **immer** die ***-ing*-Form**.

Da ***to*** sowohl **Präposition** als auch **Infinitivmerkmal** sein kann, besteht hier Verwechslungsgefahr!

! Beachte:

Im Deutschen wird die englische ***-ing*-Form** oft mit dem Infinitiv mit **zu** wiedergegeben!

Test 107

Setze ***gentle / gently*** oder ***polite / politely*** ein:

1. *Sarah held the little bird* .... *in her hands.*
2. *The foreign man spoke very* .... *to us.*
3. *"Would you like to dance with me?" asked the gentleman* ....
4. *Don't you think that Italians are particularly* ....*?*
5. *Dorothy was so in love. She stroked Harry's head* ....

> **Surprising opinion poll in supermarkets: male shop assistants are more polite than female ones.**

Test 108

Übersetze mithilfe der vorgegebenen Strukturen:

1. Ich bin es gewohnt, dreimal am Tag zu essen. (*to be used to*)

   ....

2. Wir freuen uns darauf, New York zu besuchen. (*to look forward to*)

   ....

3. Haben Sie etwas dagegen, für mich zu arbeiten? (*to object to*)

   ....?

4. Ich komme einfach[1] nicht dazu, den Brief zu schreiben. (*to get around to*)

   ....

? [1]*just*

109 *get to know, meet, know* (M, V)

*It took me some time to **get to know** all my new classmates.*	Ich brauchte eine Weile, um all meine neuen Klassenkameraden **kennenzulernen**.
*When I first **met** John, he was wearing an ugly green pullover.*	Als ich John kennenlernte, trug er einen hässlichen grünen Pullover.
*We're **meeting** tomorrow at eight o'clock.*	Wir **treffen** uns morgen um acht Uhr.
*I've **known** her for years.*	Ich **kenne** sie seit Jahren.

to get to know	–	**kennenlernen** (im Laufe der Zeit)
to meet	–	**zum ersten Mal treffen**
	–	**treffen** (Verabredung)
to know	–	**kennen**

Aus dem Jahrbuch

John & Mary

When Mary was fourteen, she met John for the first time. She fell in love with him at once. In the last 20 years they've got to know each other very well and still love each other. Mary knows everything about John and so does John about Mary. They have always been the dream-team of our class.

110 *get up, stand up* (V)

*I usually **get up** at eight o'clock.*	Normalerweise **stehe** ich um acht Uhr **auf**.
*Peter never has breakfast after **getting up**.*	Peter frühstückt nach dem **Aufstehen** nie.
*The pupils all **stood up** when the headmaster came into the classroom.*	Die Schüler **standen** alle **auf**, als der Direktor ins Klassenzimmer kam.

!

to get up – (aus dem Bett) **aufstehen** (Kann **nicht** durch ***stand up*** ersetzt werden!)

Beachte: Wenn eine Sitzgelegenheit (***chair, sofa*** etc.) folgt, **muss *get up*** verwendet werden!

to stand up – **aufstehen, sich erheben** (Kann auch durch ***get up*** ersetzt werden!)

Test 109

Setze ***get to know, meet*** oder ***know*** in der richtigen Zeitform ein:

Emma and Dudley are going to .... *next week for the first time. Until now they only* .... *each other via the Internet. They* .... *there three months ago. In the meantime they* .... *each other quite well but of course they want to* .... *each other personally now. Emma already* .... *what Dudley looks like and they also* .... *each other's voices very well because they sometimes phone each other. Up to now Emma has never* .... *someone via computer, but she looks forward to* .... *Dudley next week.*

Test 110

Setze ***get up*** oder ***stand up*** ein:

1. *I always* .... *very early in the morning.*
2. *Would you please* .... *from your chair?*
3. *Teacher: "Pupils,* .... *!"*
4. *"Good morning, honey, it's time to* .... *!"*
5. *Everybody in the baseball stadium* .... *up for the national anthem*[1].
6. *During the concert we all* .... *to see better.*

? [1]Nationalhymne

Get up, stand up, stand up for your rights.

111 go on to do, go on doing (G)

*After cleaning the bathroom she **went on to do** the vacuuming.*	Nachdem sie das Bad geputzt hatte, **machte** sie mit Staubsaugen **weiter**.
*First Mary wrote a lot of letters, then she **went on to tidy** up her desk.*	Erst schrieb Mary viele Briefe und dann **machte sie weiter und räumte** ihren Schreibtisch auf.
*Sandra **went on talking** for hours.*	Sandra **redete** stundenlang **weiter**.

to go on to do bezeichnet einen **Wechsel in der Tätigkeit**, d. h., man hört mit einer Tätigkeit auf und macht mit einer **anderen** Tätigkeit weiter.

to go on doing bezeichnet das **Fortführen** einer Tätigkeit, d. h., man macht mit **derselben** Tätigkeit weiter.

→ vgl. *stop to do, stop doing,* 183

112 ground, floor, bottom, earth, soil (M)

*It is not good to sit on the wet **ground**.*	Es ist nicht gut, auf dem nassen **Boden** zu sitzen.
*There were so many people that some had to sit on the **floor**.*	Es waren so viele Leute da, dass einige auf dem **Boden** sitzen mussten.
*Maggie lives on the first **floor**. (**AE:** 2nd floor)*	Maggie wohnt im ersten **Stock**.
*Here is a photo of the 'Titanic' on the **bottom of the sea**.*	Hier ist ein Foto von der „Titanic" auf dem Meeres**boden**.
*Yesterday the 'Discovery' came back to **earth**.*	Gestern kam die „*Discovery*" zurück zur **Erde**.
*You must put the seeds into a pot with **soil**.*	Du musst die Samenkörner in einen Topf mit **Erde** geben.

ground	–	**Boden, Erdboden**
floor	–	**Fußboden; Stockwerk**
bottom of the sea	–	**Meeresboden**
earth	–	**Erde** (Planet)
soil	–	**Erde** (Erdreich)

→ vgl. *first floor*, 95

Test 111

Übersetze die folgenden Sätze:

1. Erst putzte sich Joan ihre Zähne, dann fuhr sie damit fort, ihr Haar zu kämmen.

   ....

2. Nach einer kurzen Pause werde ich damit weitermachen, meine Hausaufgaben zu erledigen.[1]

   ....

3. Sprich weiter!

   .... !

4. Nachdem Henry das Geschirr gespült hatte, machte er damit weiter, die Fenster zu putzen.

   ....

? [1]*to do*

Test 112

Setze ***ground, floor, bottom, earth*** oder ***soil*** ein:

1. *The 'Titanic' was found on the* .... *of the sea.*
2. *Mount Everest is the highest mountain on* ....
3. *It rained heavily all night long, and now the* .... *is wet.*
4. *To plant these flowers take two shovels of fresh* ....
5. *The astronauts could see the* .... *from space.*
6. *What is lying there on the kitchen* .... *? Would you please pick it up?*
7. *The laboratory is on the fifth* ....
8. *The* .... *is losing up to three species of plants every day.*
9. *The factory dumped its chemical waste in the* ....

DENTIST:	Ground Floor
EYE SPECIALIST:	First Floor
GYNAECOLOGIST:	Second Floor

113 *grow, grow up* (Ä)

*The flowers are **growing** so fast.*	Die Blumen **wachsen** so schnell.
*My daughter has **grown** a lot in the last two years.*	Meine Tochter ist in den letzten beiden Jahren stark **gewachsen**.
*Why don't you **grow** any vegetables in your garden?*	Warum **pflanzt** du kein Gemüse in deinem Garten **an**?
*I **grew up** near London but then I moved away.*	Ich bin in der Nähe von London **aufgewachsen,** aber dann bin ich weggezogen.

to grow	–	**wachsen** (an Größe zunehmen)
	–	**anpflanzen, anbauen**
to grow up	–	**aufwachsen** (die Kindheit verbringen)

114 *happen, occur, take place* (V)

*Guess what **happened** to me yesterday!*	Rate mal, was mir gestern **passiert** ist!
*The accident **happened / occurred** last night.*	Der Unfall **passierte** letzte Nacht.
*Look at your homework; the same mistake **occurs** on every page!*	Schau dir mal deine Hausaufgaben an, derselbe Fehler **kommt** auf jeder Seite **vor**!
*Do you **happen** to know him?*	Kennst du ihn **zufällig**?
*Our meeting will **take place** on Monday.*	Unser Treffen wird am Montag **stattfinden**.

to happen / occur	–	(plötzlich) **passieren**
to occur	–	**vorkommen, auftreten**
to happen to do sth.	–	**etwas zufällig tun**
to take place	–	(planmäßig) **stattfinden**

> **Birmingham:** Last night there was a terrible accident on the outskirts of Birmingham. The accident occurred around midnight, and the two drivers were badly injured. Both of them were on their way from the annual Club Meeting which had taken place in the Birmingham Town Hall that evening.

Test 113

Setze die richtige Form von ***grow*** oder ***grow up*** ein:

1. *At the moment our population is not* ....
2. *In the film 'Tarzan' we learn that Tarzan*

   .... *with gorillas.*
3. *Pat* .... *in the countryside.*
4. *My son is* .... *incredibly fast!*
5. *Our neighbour* .... *orchids.*
6. *Betty wants to* .... *her hair.*

Test 114

Setze ***happen / occur*** oder ***take place*** ein:

1. *When did the accident* ....?
2. *Did it ever* .... *to you that you woke up in the middle of the night?*
3. *Excuse me, where does the meeting* ....?
4. *This won't* .... *again, I promise.*
5. *Did you* .... *to see Jill on your trip?*

Übersetze die folgenden Sätze:

6. Was passierte als Nächstes?

   ....?
7. Ich war zufällig nicht zu Hause, als du angerufen hast.

   ....
8. Die Hochzeit findet um drei Uhr statt.

   ....

115 *have sth. done, let sb. do sth., make sb. do sth.* (M)

I can't come, I'm ***having my car repaired.*** — Ich kann nicht kommen, ich **lasse** gerade mein Auto **reparieren**.

*I never **let** my daughter **go out** during the week.* — Ich **lasse** meine Tochter niemals unter der Woche **ausgehen**.

*Our teacher always **makes us write** essays.* — Unser Lehrer **lässt** uns immer Aufsätze **schreiben**.

*We always **make our children help** us with the housework.* — Wir **veranlassen** unsere Kinder immer **dazu**, uns im Haushalt **zu helfen**.

to have sth. done	–	**etwas** (von jemand anderem) **machen lassen**
to let sb. do sth.	–	jemanden **etwas machen lassen,** jemandem **etwas erlauben**
to make sb. do sth.	–	jemanden **dazu veranlassen, etwas zu tun**

! Beachte:

have sth. done ist leicht zu verwechseln mit dem ***present perfect;*** hier ist jedoch die Satzstellung anders:

*I **have cut** my hair.* — Ich **habe** meine Haare **geschnitten**.

*I **have** my hair **cut**.* — Ich **lasse** meine Haare **schneiden**.

116 *heaven, sky* (V)

*All good children go to **Heaven**.* — Gute Kinder kommen in den **Himmel**.

*God lives in **Heaven**.* — Gott lebt im **Himmel**.

*Can you see the stars up in the **sky**?* — Kannst du die Sterne oben am **Himmel** sehen?

*The **sky** is grey; it will rain soon.* — Der **Himmel** ist grau, es wird bald regnen.

Heaven	–	**Himmel** (im religiösen Sinn)
sky	–	**Himmel**

GOOD GIRLS GO TO HEAVEN,
BAD GIRLS GO EVERYWHERE!

Test 115

Übersetze:

1. Mein Vater lässt mich nie in die Disco gehen.

   ....

2. Unsere Lehrerin lässt uns immer viele Hausaufgaben machen.

   ....

3. Ich lasse gerade meinen Wagen waschen.

   ....

4. Ich habe gerade meinen Wagen gewaschen.

   ....

Test 116

Setze ***heaven*** oder ***sky*** ein:

1. *Look at all the clouds in the* ....*!*
2. *The birds look like small black dots in the* ....
3. *When we're dead we all go to* ....

Our Father who art in Heaven,
hallowed be thy name ...

117 *here, there* (V)

*The countryside **here** is very pretty.*	Die Landschaft **hier** ist sehr schön.
*Don't hide **there**, come **here**.*	Versteck dich nicht **dort**, komm **hierher**.
*He went **there** two months ago.*	Er ist vor zwei Monaten **dorthin** gegangen.

here – **hier; hierher**
there – **dort; dorthin**

→ vgl. *this, that – these, those,* 187

118 *high, tall* (M)

*Wow, this is an extremely **high** mountain!*	Wow, das ist ein extrem **hoher** Berg!
*This tower is the **tallest** one in town.*	Dieser Turm ist der **höchste** in der Stadt.
*Tony is a very **tall** man.*	Tony ist ein sehr **großer** Mann.

tall wird für alle Personen und für Dinge, die eher schmal sind, verwendet.

high wird für alles andere verwendet.

119 *historic, historical* (M)

*9 November 1989 – the **historic** date when the Berlin Wall fell.*	Der 9. November 1989 – das **historische** Datum, an dem die Berliner Mauer fiel.
*It is a **historic** tradition to eat turkey at Christmas.*	Es ist eine **historische** Tradition, zu Weihnachten Truthahn zu essen.
*In the last lesson we talked about the **historical** figure Cleopatra.*	In der letzten Unterrichtsstunde sprachen wir über die **historische** Person Kleopatra.

historic – **historisch** im Sinne von „geschichtlich bedeutend", „berühmt", „eine lange Geschichte habend"

historical – **historisch** im Sinne von „mit der Geschichte verbunden" oder „wirklich in der Geschichte existierend"

Test 117

Setze ***here*** oder ***there*** ein:

1. *Do you want this cheese ....? – No, I prefer that one over ....*.
2. *Come .... and listen to me.*
3. *(On the phone) Where are you? – I'm in Rome. – What are you doing ....?*

   I'm enjoying my holiday. The sun is shining .... *– Are ....*

   many tourists? – No, it's very quiet ....

Test 118

Setze die richtige Form von ***high*** oder ***tall*** ein:

1. *Ben Nevis in Scotland is a very .... mountain.*
2. *At 2.30 m he is Germany's .... man.*
3. *Very .... buildings are called skyscrapers.*
4. *He likes to race at very .... speeds.*
5. *John is .... than me.*

Test 119

Übersetze:

1. Das ist ein historischer Ort.

   ....

2. In Schottland ist es eine historische Tradition, Whisky zu trinken.

   ....

3. Ich liebe es, über historische Personen zu sprechen.

   ....

4. Es gibt keinen historischen Beweis dafür, dass Kleopatra blond war.

   ....

120 *history, story* (M)

*I love **history** lessons at school.*	Ich liebe die **Geschichts**stunden in der Schule.
*Mark studies ancient **history**.*	Mark studiert antike **Geschichte**.
*Daddy, please tell us the **story** of the rabbit on the run again!*	Vati, bitte erzähl uns noch mal die **Geschichte** vom Kaninchen auf der Flucht!

history	–	**Geschichte** (Ereignisse vergangener Zeit)
story	–	**Geschichte** (erzählte Begebenheit)

121 *hole, whole* (Ä)

There was a big ***hole*** *in the ground.*	Da war ein großes **Loch** im Boden.
*The **whole** world watched the landing on the moon on TV.*	Die **ganze** Welt sah die Mondlandung im Fernsehen.
*Tell me the **whole** truth!*	Sag mir die **ganze** Wahrheit!

hole	–	**Loch**
whole	–	**ganz, gesamt, ungeteilt, vollständig**

He could see the whole hole.

122 *home, at home* (V)

*Yesterday Mary came **home** late.*	Gestern kam Mary spät **nach Hause**.
*I don't want to go out today. Let's stay **at home.***	Ich will heute nicht ausgehen. Lass uns **zu Hause** bleiben.

home	–	**nach Hause** (wenn das Verb **eine Bewegung** beinhaltet)
at home	–	**zu Hause** (wenn das Verb **keine Bewegung** ausdrückt)

Test 120

Setze die richtige Form von ***history*** oder ***story*** ein:

1. *In our* ………………………… *lessons our teacher always tells interesting*

   ………………………… *about important people in* …………………………*.*

2. *Don't tell silly* …………………………*, tell me the truth.*
3. *Kim is reading an exciting short* ………………………… *in her literature course.*
4. ………………………… *is my favourite subject at school.*

Test 121

Setze ***hole*** oder ***whole*** ein:

The ………………………… *class wanted to know about the* ………………………… *in the classroom door. The workers couldn't repair it; they had to replace the door as a* …………………………*. Now the class has a new door without a* …………………………*.*

Test 122

Setze ***home*** oder ***at home*** ein:

1. *Where is Sally? – She is* …………………………*.*
2. *When did she come* …………………………*?*
3. *She went* ………………………… *by bus at eight o'clock.*
4. *How long is she going to stay* …………………………*?*

123 *house, home* (V)

*We bought a new **house** last summer.*

Wir haben letzten Sommer ein neues **Haus** gekauft.

*It had previously been the **home** of a noble family.*

Zuvor war es das **Zuhause** einer adligen Familie gewesen.

house	–	**Haus** (Gebäude)
home	–	**Zuhause** (jeder Ort, der von jemandem bewohnt wird)

124 *human, humane* (F, M)

*The **human** anatomy is quite complicated.*

Die **menschliche** Anatomie ist ziemlich kompliziert.

*He is a very strict but **humane** ruler.*

Er ist ein sehr strenger, aber **humaner** Herrscher.

human [ˈhjuːmən]	–	**menschlich**
humane [hjuːˈmeɪn]	–	**human, menschlich** (nicht grausam)

125 *institute, institution* (Ä)

*Don works for the International **Institute** of Statistics.*

Don arbeitet für das Internationale Statistik**institut**.

*Don't you think marriage is an old-fashioned **institution**?*

Bist du nicht der Meinung, dass die Ehe eine altmodische **Institution** ist?

institute	–	**Institut** (eine Organisation, die für einen bestimmten Zweck gegründet wurde)
institution	–	**Institution,** (öffentliche) **Einrichtung** (als Gewohnheit oder Tradition)

Test 123

Setze ***house*** oder ***home*** ein:

1. *Have you seen the yellow* .... *over there? – Yes, it's terrible, isn't it?*
2. .... *is where the heart is.*
3. *Where does Fred live? – His* .... *is in London, but recently he has bought a* .... *in the Scottish Highlands where he spends the summer.*
4. *Germany has become Jill's second* ....*.*

Test 124

Setze ***human*** oder ***humane*** ein:

1. *There are many* .... *beings in the world.*
2. *What can you tell me about the* .... *race?*
3. *We must respect* .... *rights.*
4. *King John was not a very* .... *monarch.*

Test 125

Setze die richtige Form von ***institute*** oder ***institution*** ein:

1. *Do you know the names of all the research* .... *at our university?*
2. *What do you think about the* .... *of marriage?*
3. *Eric works for the* .... *of Contemporary Arts.*

Institute of Modern Arts

126 *interested, interesting* (Ä)

*My son is very **interested in** biology.*	Mein Sohn ist sehr **an** Biologie **interessiert**.
*I'm **interested in** cooking.*	Ich **interessiere** mich **für** das Kochen.
*My husband thinks cooking is not very **interesting**.*	Mein Mann denkt, dass Kochen nicht sehr **interessant** ist.
*I want to watch this **interesting** film.*	Ich möchte diesen **interessanten** Film sehen.

interested in – **interessiert (an)**
(Hier wird ausgedrückt, **was** jemand **fühlt**.)

interesting – **interessant**
(Hier wird eine Sache oder eine Person **beschrieben**.)

genauso werden verwendet:
– ***bored / boring***
– ***excited / exciting***
– ***confused / confusing***

→ vgl. *disinterested, uninterested,* 68; *excited, exciting,* 80

127 *job, piece of work, work, workplace* (M)

*Tom has been looking for a **job** for ages.*	Tom sucht seit einer Ewigkeit **Arbeit**.
*With this necklace Erica has created a great **piece of work**.*	Mit dieser Halskette hat Erica eine großartige **Arbeit** geleistet.
*I always go to **work** at seven in the morning.*	Ich gehe immer um sieben Uhr morgens zur **Arbeit**.
*Mary has a new book about Shakespeare's **works**.*	Mary hat ein neues Buch über Shakespeares **Werke**.
*Before she left she tidied up her **workplace**.*	Bevor sie ging, räumte sie ihren **Arbeitsplatz** auf.

job – **Arbeit(sstelle), Posten, Anstellung**

piece of work – **(einzelne) Arbeit** (v. a. auch im handwerklichen Sinn gemeint)

work – **Arbeit; Werk**

workplace – **Arbeitsplatz** (z. B. Schreibtisch)

Test 126

Setze ***interested*** oder ***interesting*** ein:

1. *I'm not* .... *in that book about whales, however it may be.*
2. *Your speech was very* .... *. Unfortunately not everybody in the audience was* .... *in the subject.*
3. *I'd be very* .... *to hear what you think about this speech.*
4. *It's quite* .... *to compare the results of different pupils in the test.*

Test 127

Setze die richtige Form von ***job, piece of work, work*** oder ***workplace*** ein:

1. *I've been out of* .... *since January. Since then I've been looking for a* .... *.*
2. *The modern machines in the new factory guarantee safe* .... *with greatly reduced risks.*
3. *I still have a lot of* .... *to do, so I can't come with you, I'm afraid.*
4. *Yesterday I forgot to tidy up my* .... *after* .... *.*
5. *This ring is a beautiful* .... *.*
6. *Do you know every single one of Shaw's* .... *?*

128 *journey, travel, trip, tour, voyage* (M)

Last week Kim made a ***journey*** *to London by train.*

Letzte Woche machte Kim eine **Reise** mit dem Zug nach London.

Travel *is a good way to get to know different cultures.*

Reisen ist eine gute Möglichkeit, verschiedene Kulturen kennenzulernen.

The weather is so nice; let's take a ***trip*** *into the mountains.*

Das Wetter ist so schön; lass uns einen **Ausflug** ins Gebirge machen.

During our ***tour*** *of Italy we visited many old friends.*

Auf unserer **Rundreise** durch Italien besuchten wir viele alte Freunde.

Last year Sally made a ***voyage*** *across the ocean to Australia.*

Letztes Jahr machte Sally eine **Seereise** über den Ozean nach Australien.

journey	–	**Reise** (mit einem bestimmten Ziel)
travel	–	**das Reisen**
trip	–	**(Kurz-)Reise, Ausflug**
tour	–	**Rundreise**
voyage	–	**Seereise**

129 *justice, legal authorities* (F)

We want ***justice*** *for everybody.*

Wir wollen **Gerechtigkeit** für jeden.

Mr Smith is a ***Justice*** *in the Supreme Court.*

Mr Smith ist **Richter** am Obersten Gerichtshof.

I think the ***legal authorities*** *(ϟ* ***nicht:*** *justice!) have to deal with this problem.*

Ich denke, die **Justiz** muss sich mit diesem Problem beschäftigen.

justice	–	**Gerechtigkeit**
Justice	–	**Richter** (großgeschrieben)
legal authorities	–	**Justiz**

Test 128

Setze die richtige Form von ***journey, travel, trip, tour*** oder ***voyage*** ein:

1. *When I was on holiday in Egypt I booked a fantastic short* .... *to the Pyramids.*
2. *During my different* .... *through Europe I have visited Rome, Paris and London.*
3. *I hate flying; so last week I went on a* .... *to the United States.*
4. *It's quite a long* .... *from Munich to Hamburg.*
5. *I want to see all of France. Why don't we book a* .... *through the whole country?*

Test 129

Übersetze:

1. *We want justice for everybody.*

....

2. *Pam's father is a Justice.*

....

3. *We must get in touch with the legal authorities about this matter.*

....

4. *These laws are a sign of justice.*

....

130 *leave, leave alone* (M)

*Tina is not in, she **left** two hours ago.*	Tina ist nicht da, sie ist vor zwei Stunden **weggegangen**.
*Our train **leaves** in five minutes.*	Unser Zug **fährt** in fünf Minuten **ab**.
*Last year Mr Miller **left** Mrs Miller.*	Letztes Jahr hat Mr Miller Mrs Miller **verlassen**.
*These terrible parents go out and **leave** their children all **alone**.*	Diese schrecklichen Eltern gehen aus und **lassen** ihre Kinder ganz **allein**.
***Leave** me **alone**! I don't want to talk to you!*	**Lass** mich **in Ruhe**, ich will nicht mit dir sprechen.

to leave	–	**fortgehen, abfahren, abreisen, verlassen**
to leave alone	–	**allein lassen; in Ruhe lassen**

→ vgl. *alone, lonely,* 10

131 *lift, elevator* (AE-BE)

(AE) *We used the **elevator** to get to the roof of the skyscraper.* **(BE)** *We used the **lift** to get to the roof of the* skyscraper.	Wir benutzten den **Fahrstuhl**, um auf das Dach des Wolkenkratzers zu gelangen.
(BE) *Can you give me a **lift** to the supermarket?* **(AE)** *Can you give me a **ride** to the supermarket?*	Können Sie mich bis zum Supermarkt **mitnehmen**?

lift	–	**(BE) Mitfahrgelegenheit**
	–	**(BE) Aufzug**
ride	–	**(AE) Mitfahrgelegenheit**
elevator	–	**(AE) Aufzug**

Test 130

Übersetze:

1. Mary geht jeden Tag um acht Uhr weg.

 ....

2. Jim verlässt nach 20 Jahren seine alte Firma.

 ....

3. Warum kannst du mich nicht einfach in Ruhe lassen?

 .... ?

4. Ich werde meinen Ehemann nicht für diesen Mann verlassen.

 ....

Test 131

Ein Amerikaner erzählt. Was sagt er?

1. „Gestern bin ich im Aufzug stecken geblieben. Doch dann kam endlich Tim, um mich zu befreien, und nahm mich mit nach Hause."

 ....

 ....

2. Das gleiche Missgeschick ist einem Briten passiert. Wie würde er es formulieren?

 ....

 ....

132 *little, small* (M)

Poor ***little*** *boy, did they hurt you?*	Armer **kleiner** Junge, haben sie dir weh-getan?
This fact is of ***little*** *importance.*	Diese Tatsache ist von **geringer** Bedeutung.
My son is not too ***small*** *for the team, is he?*	Mein Sohn ist nicht zu **klein** für die Mannschaft, nicht wahr?
I'll have a ***small*** *pizza with salami.*	Ich nehme eine **kleine** Pizza Salami.

little wird für **klein** verwendet, wenn Gefühle in der Aussage mitschwingen. In Bezug auf Mengen oder eine Dauer bedeutet es auch **gering(fügig)** oder **unwichtig**.

small wird für **klein** verwendet, wenn man sich nur auf die Relation der Größe zwischen den Dingen bezieht.

133 *look* + Präposition (G, V)

Mary ***looks after*** *her sister's children.*	Mary **kümmert sich um** die Kinder ihrer Schwester.
Can I help you? – No, I'm just ***looking around****.*	Kann ich Ihnen helfen? – Nein, ich **sehe** mich nur **um**.
Look at *that picture!*	**Schau** dir das Bild **an**!
What are you doing? – I'm ***looking for*** *my glasses.*	Was machst du? – Ich **suche** meine Brille.
I'm ***looking forward to*** *the party next week.*	Ich **freue mich auf** die Party nächste Woche.
This man ***looks like*** *Tommy, doesn't he?*	Der Mann **sieht aus wie** Tommy, nicht wahr?
Look out *for mistakes when you check my homework!*	**Achte auf** Fehler, wenn du meine Hausaufgaben kontrollierst.

to look after	–	**sich kümmern um, aufpassen**
to look around	–	**sich umschauen, sich umsehen**
to look at	–	**anschauen, betrachten**
to look for	–	**suchen**
to look forward to	–	**sich freuen auf**
to look like	–	**aussehen wie**
to look out *(+ for)*	–	**aufpassen, achten auf**

Test 132

Setze ***little*** oder ***small*** ein:

1. *When I was a* .... *girl I used to eat chocolate every day.*
2. *I'd like a* .... *Coke, please.*
3. *Look at that sweet* .... *cat! Please can we take it home?*
4. *This is only a* .... *mistake, don't worry about it.*
5. *This room is too* ...., *we will have to meet in another one.*
6. *Last week I found a nice* .... *house in the countryside. It's a bit* ...., *but it's really lovely.*

Test 133

Übersetze:

1. Ich suche gerade eine neue Wohnung.

   ....

2. Schau dir diesen alten Mann an!

   .... !

3. Sam freut sich auf die Ferien.

   ....

4. Ich kümmere mich momentan um meinen kranken Bruder.

   ....

5. Sue hat sich letzte Woche in ihrer neuen Schule umgesehen.

   ....

6. Du siehst heute aus wie deine Schwester.

   ....

7. In großen Städten muss man auf Taschendiebe[1] aufpassen.

   ....

? [1]*pickpockets*

134 *loose, lose, loosen* (Ä)

*Have a look at her jeans, they're very **loose**.*	Schau dir ihre Jeans an, sie sitzt sehr **locker**.
*Oh my God, the "Tigers" will **lose** the match!*	Oh mein Gott, die „Tigers" werden das Spiel **verlieren**!
*I don't have any money left, I **lost** everything in the casino last night.*	Ich habe kein Geld mehr, ich habe alles gestern Abend in der Spielbank **verloren**.
*Would you please help me to **loosen** the knot?*	Würdest du mir bitte helfen, den Knoten zu **lösen**?

loose (Adjektiv)	–	**locker, lose**
to lose (lost, lost)	–	**verlieren**
to loosen	–	**lösen, lockern**

135 *mad, angry, crazy* (AE-BE)

(AE) *I'm so **mad** at Tom because he did that.* **(BE)** *I'm so **angry** with Tom because he did that.*	Ich bin so **wütend** auf Tom, weil er das getan hat.
(AE) *In this hospital there are a lot of **crazy** people.* **(BE)** *In this hospital there are a lot of **mad** people.*	In diesem Krankenhaus gibt es viele **Verrückte**.
(AE+BE) *I'm **mad about** comics.*	Ich bin **verrückt nach** Comics.

mad at **(AE)** ***angry with*** **(BE)**	–	**wütend, ärgerlich**
mad **(BE)** ***crazy*** **(AE)**	–	**verrückt**
mad about **(AE+BE)**	–	**verrückt nach**

Test 134

Setze die richtige Form von ***loose, lose*** oder ***loosen*** ein:

1. *We've* .... *all the tennis matches of the last two years.*
2. *Be careful, the rope is* ....*; you must tighten it a bit.*
3. *I've* .... *my keys, and now I can't get into the house.*
4. *I hate teabags, I prefer* .... *tea.*
5. *Could you* .... *the screws here, please?*
6. *It's terrible to* .... *your way in a foreign town.*

Test 135

Übersetze den folgenden Text für ein amerikanisches Pop-Magazin:

1. „Letzte Woche war der Leadsänger der Band, Peter Black, sehr wütend auf seinen Manager. Er sagte zu ihm: ‚Du bist verrückt. Ich bin nicht verrückt nach Frauen.' Aber die Fans denken das, und vor allem die Mädchen sind verrückt nach seiner Musik."

   ....

   ....

   ....

2. Wie lautet die folgende Beschreibung auf dem CD-Cover einer britischen Band?

   „Unsere Fans sind verrückt nach unseren Körpern. Einige Mädchen tun so verrückte Dinge, dass ihre Eltern wütend auf uns sind. Aber es ist nicht unsere Schuld."

   ....

   ....

   ....

136 *male, masculine* (M)

*A **male** cat is called tomcat.*	Eine **männliche** Katze wird Kater genannt.
*She speaks in a very **masculine** voice.*	Sie spricht mit sehr **männlicher** Stimme.
*The **masculine** form of stewardess is steward.*	Die **männliche** Form für Stewardess ist Steward.

male wird für **männlich** verwendet, wenn man sich auf das **natürliche Geschlecht** bezieht.

masculine wird für **männlich** verwendet, wenn man sich auf **Charakterzüge** bezieht, die **typisch männlich** sind, und wenn man das **grammatische Geschlecht** bezeichnet.

137 *marriage, wedding* (V)

*Peter and Sandra are getting divorced after ten years of **marriage**.*	Peter und Sandra lassen sich nach zehn Jahren **Ehe** scheiden.
*Why didn't you invite Aunt Mary to our **wedding**?*	Warum hast du Tante Mary nicht zu unserer **Hochzeit** eingeladen?

marriage	–	**Ehe** (als Institution)
wedding	–	**Hochzeit** (die Zeremonie und das anschließende Fest)

138 *means* (G)

*Which **means** of transport do you prefer?*	Welches Verkehrs**mittel** bevorzugst du?
*Unfortunately we have no **means** of finding out where she lives now.*	Leider haben wir kein **Mittel,** um herauszufinden, wo sie jetzt lebt.
*The Connors don't have the **means** to take a family holiday.*	Die Connors haben nicht die **finanziellen Mittel,** einen Familienurlaub zu machen.

means (Singular!)	–	**(Hilfs-)Mittel, Weg**
means (Plural)	–	**(Geld-)Mittel, Vermögen**

Test 136

Setze ***male*** oder ***masculine*** ein:

1. *Is this a* .... *or a female duck?*
2. *Cindy doesn't like her* .... *colleagues because they're so unfriendly.*
3. *In the Italian language you must be careful with the* .... *article of some nouns in the plural.*
4. *Oh, the person's name is Laura? She is a woman? She has such a* .... *voice, I thought she was a man!*
5. .... *teachers are said to be more severe than female ones.*

Test 137

Setze ***marriage*** oder ***wedding*** ein:

Jim and Carol have a very happy ....*. Their* .... *was on August 20th years ago and every year they celebrate their* .... *anniversary in a foreign country. Before their* .... *they had known each other for ages. They are very happy together and they are convinced that their* .... *will last forever.*

Test 138

Übersetze:

1. Ich habe nicht die Mittel, mir ein neues Auto zu kaufen.

   ....

2. Schecks sind ein gutes Zahlungsmittel.[1]

   ....

3. Das Fernsehen ist ein gutes Kommunikationsmittel.

   ....

? [1]*... of payment*

139 *medieval, middle-aged* (M)

*I like **medieval** literature.*	Ich mag **mittelalterliche** Literatur.
*In the cinema I sat next to a **middle-aged** man, probably about 45.*	Im Kino saß ich neben einem Mann **im mittleren Alter**, wahrscheinlich um die 45.

medieval – **mittelalterlich** (aus dem Mittelalter, also aus den Jahren 1100–1400)

middle-aged – **mittleren Alters** (ca. 40–55 Jahre alt)

140 *memory, souvenir* (M)

*Unfortunately I don't have any **memories** of our first holiday in Spain.*	Leider habe ich keine **Erinnerung** an unseren ersten Urlaub in Spanien.
*We brought back some nice postcards as a **souvenir** of our holiday in Italy.*	Wir haben ein paar schöne Postkarten zur **Erinnerung** an unsere Ferien in Italien mitgebracht.

memory – **Erinnerung** (Ereignisse, an die man sich erinnert)**; Gedächtnis**

souvenir – **Erinnerung(sstück), Souvenir** (Gegenstand, der einen an einen Ort erinnert)

141 *must, have to* (M)

*I **must** go to the bank to get some money.*	Ich **muss** zur Bank, um etwas Geld zu holen.
*Jo **had to** leave the party because he was ill.*	Jo **musste** die Party verlassen, weil er krank war.
*Ann **has to** go because her father wants her to.*	Ann **muss** gehen, weil ihr Vater es so will.

must – **müssen** (wenn man sich **selbst** dazu veranlasst sieht, etwas zu tun)

have to – **müssen** (wenn man von **jemand anderem** veranlasst wird, etwas zu tun)

! Beachte: ***had to*** ist die Vergangenheitsform sowohl von ***must*** als auch von ***have to***.

Test 139

Setze ***medieval*** oder ***middle-aged*** ein:

1. *The people in the French course are all very nice* .... *women.*
2. *Do you know anything about* .... *clothes?*
3. *That kind of thinking is almost* .... *!*
4. *Ann is 20 years old but she lives with a* .... *man.*

Test 140

Setze ***memory / memories*** oder ***souvenir*** ein:

1. *This man has has a brilliant* .... *; he can remember 100 people's birthdays.*
2. *What* .... *did you bring me from Greece?*
3. *Unfortunately Roger doesn't have any positive* .... *of his childhood.*
4. *Cary is a genius, he can recite poems from* ....
5. *Where did you buy this vase? – In a* .... *shop.*

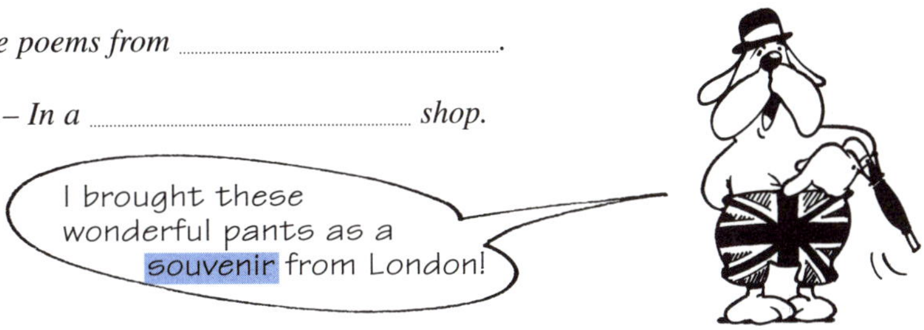

Test 141

Übersetze:

1. Ich fühle mich nicht gut, ich muss ins Krankenhaus gehen.

....

2. Jill muss eine Strafe für falsches Parken[1] bezahlen.

....

3. Gestern musste ich sehr früh aufstehen.

....

? [1]*parking fine*

142 *need, needn't, use* (M, V)

*I **need** some more money to buy the new car.*	Ich **brauche** noch etwas mehr Geld, um das neue Auto zu kaufen.
*You **needn't** wash the dishes.*	Du **brauchst** das Geschirr **nicht** zu spülen. (Du **musst** das Geschirr **nicht** spülen.)
*Peter **used** the money his mother had given him to buy a new car.*	Peter **benutzte (gebrauchte)** das Geld, das ihm seine Mutter gegeben hatte, um ein neues Auto zu kaufen.
*The burglar **used** violence to get into the house.*	Der Einbrecher **gebrauchte** Gewalt, um ins Haus zu kommen.

need – **brauchen**
needn't – **nicht brauchen, nicht müssen**
to use – **benutzen, gebrauchen; anwenden**

! Beachte:

must not heißt **nicht dürfen:**

*You **mustn't** tease your brother.*	Du **darfst** deinen Bruder nicht **ärgern**.

143 *noise, sound* (M)

*I hate the **noise** of dogs barking.*	Ich hasse den **Lärm** bellender Hunde.
*What's that **noise**?*	Was ist das für ein **Geräusch**?
*Can you hear the **sound** of the guitar?*	Kannst du den **Klang** der Gitarre hören?
*Could you repeat that **sound**, please?*	Könnten Sie den **Laut** bitte wiederholen?

noise – **Krach, Lärm,** (unangenehmes) **Geräusch**
sound – **Laut, Klang, Geräusch**

Test 142

Setze die richtige Form von ***need, needn't*** oder ***use*** ein:

1. *What do you .... these screws for?*
2. *Do you think I will .... this pullover in Spain? Isn't it too warm?*
3. *Have you already .... your new blender[1]?*
4. *You .... clean the car, Dad has already done it.*
5. *Can you tell me how to .... this machine?*

? [1]Mixer

Test 143

Setze ***noise*** oder ***sound*** ein:

1. *Oh my God, this Heavy Metal band is making a terrible ...., isn't it?*
2. *Listen to the .... of the wind. Isn't it romantic?*
3. *Go on talking, I like the .... of your voice.*
4. *Don't make such a ...., Terry's sleeping.*
5. *Last night I woke up because I heard a loud .... in the kitchen.*

144 *note, notice* (V)

*When I came home, I found a **note** on my desk.*	Als ich nach Hause kam, fand ich einen **(Notiz-)Zettel** auf meinem Schreibtisch.
*The policeman **took notes** while I was speaking.*	Der Polizist machte sich **Notizen,** während ich redete.
*In the book we read at school there are a lot of **notes**.*	In dem Buch, das wir in der Schule lesen, sind viele **Anmerkungen**.
*On the bulletin board at school I read the **notice** about the new course.*	Am Schwarzen Brett der Schule las ich die **Ankündigung** des neuen Kurses.
*Don't **take** any **notice** of this guy!*	Nimm gar keine **Notiz** von diesem Typen!

note – **Notizzettel, Aufzeichnung**
to take notes – **sich Notizen machen**
notes – **Anmerkungen** (in Büchern)
notice – **Ankündigung, Mitteilung**
to take notice – **Notiz nehmen, beachten**

→ vgl. *notice, remark,* 145

145 *notice, remark* (V)

*I didn't talk to you because I didn't **notice** you.*	Ich habe nicht mit dir gesprochen, weil ich dich nicht **bemerkt** habe.
*Did you **notice** him coming in?*	Hast du **bemerkt**, wie er hereingekommen ist?
*After the play the critics **remarked** that it had been brilliant.*	Nach dem Stück **bemerkten** die Kritiker, dass es brillant gewesen sei.
*"You look wonderful tonight," he **remarked** when he saw me.*	„Du siehst heute Abend wundervoll aus", **bemerkte** er, als er mich sah.

to notice – **bemerken** („sich einer Sache bewusst werden", „etwas beobachten")
to remark – **bemerken** / eine Beobachtung **aussprechen** (mit dem **Mund**)

Test 144

Setze ***note(s)*** oder ***notice*** ein:

1. *"Would you please take .... while I'm making my speech."*
2. *I have read the whole book including all the .... on every single page.*
3. *Haven't you read the .... on the bulletin board about the guest performance in our theatre?*
4. *Here is the .... Bob left you when he went away.*
5. *You must read the .... on the usage of these words carefully.*
6. *This woman makes me nervous; she takes .... of every single thing I say.*
7. *I had dressed very elegantly but he didn't take any .... of me.*
8. *Don't take any .... of him; the best thing to do with people like him is to ignore them.*

Test 145

Setze die richtige Form von ***notice*** oder ***remark*** ein:

1. *Did you .... that she has lost a lot of weight in the past few months?*
2. *Yesterday my new neighbour .... that she liked our garden very much.*
3. *"Your new haircut is great," Mandy .... when she .... that I had been to the hairdresser's.*
4. *Unfortunately nobody .... that she didn't feel well.*
5. *When I saw Beth in her new dress I had to .... on her beauty.*

146 *object, subject, theme* (M)

*What is that **object** over there in the corner?*	Was ist das für ein **Gegenstand** in der Ecke dort?
*The pupils have to write a composition about a given **subject** every week.*	Die Schüler müssen jede Woche einen Aufsatz über ein vorgegebenes **Thema** schreiben.
*What ist the **theme** of Miller's new play?*	Was ist das **Thema** des neuen Stückes von Miller?

object	–	(konkreter) **Gegenstand**
subject	–	**Thema, Gegenstand** (allgemein)
theme	–	**Thema** (v. a. in Literatur, Kunst)

147 *occasion, opportunity, chance* (M)

*We've met before on several **occasions**.*	Wir haben uns schon bei verschiedenen **Gelegenheiten** getroffen.
*This is a good **opportunity** to visit my friends.*	Dies ist eine gute **Gelegenheit**, meine Freunde zu besuchen.
*The judge gave Johnny a second **chance**.*	Der Richter gab Johnny eine zweite **Chance**.

occasion	–	**Gelegenheit** (im Sinne von **Anlass**)
opportunity	–	(günstige) **Gelegenheit**
chance	–	(zufällige) **Gelegenheit, Chance**

148 *on the one hand ... on the other hand, on the one / other side* (M)

***On the one hand** I like him, but **on the other hand** he gets on my nerves.*	**Einerseits** mag ich ihn, aber **andererseits** geht er mir auf die Nerven.
*My favourite song is **on the other side** of the cassette.*	Mein Lieblingslied ist **auf der anderen Seite** der Kassette.

on the one hand ... ***on the other hand***	– –	**einerseits ...** **andererseits**
on the one / other side	–	**auf der einen / anderen Seite** (einer Platte, Kassette etc.)

Test 146

Setze ***object, subject*** oder ***theme*** ein:

1. *I found this strange* .... *under your bed, what is it?*
2. *Could you please stick to the* ....*?*
3. *What is the* .... *of your thesis*[1]*?*
4. *As we all know, love is the* .... *of many novels.*

? [1]Doktorarbeit

Test 147

Setze ***occasion, opportunity*** oder ***chance*** ein:

1. *This was a good* .... *to wear my new tie.*
2. *Dave didn't have the* .... *to escape.*
3. *Unfortunately tomorrow I won't have any* .... *to speak to him.*
4. *Life offers us so many* .... *we should seize.*

Test 148

Übersetze:

1. Einerseits sieht sie jung aus, aber andererseits hat sie graues Haar.

....

2. Höre dir die andere Seite der Schallplatte an, sie ist viel besser.

....

149 *oneself, by oneself* (G)

*I'm looking at **myself** in the mirror.*	Ich betrachte **mich (selbst)** im Spiegel.
*"Mum, I'm old enough to do it **by myself!**"*	„Mami, ich bin alt genug, um es **allein** zu machen!"

!

> ***oneself*** ist ein **Reflexivpronomen**, das benutzt wird, wenn Subjekt und Objekt die gleiche Person beschreiben. Es bedeutet **sich selbst**.
>
> Beachte: Im Plural wird das ***-self*** zu ***-selves***!
>
> ***by oneself*** bedeutet **allein**.

150 *opposite, in front of, opposed to* (V)

*The supermarket is **opposite** the baker's.*	Der Supermarkt ist **gegenüber** vom Bäcker.
*I can't see the house because there is a tall tree **in front of** it.*	Ich kann das Haus nicht sehen, weil ein großer Baum **davor**steht.
*The mayor **is opposed to** the building of the new town hall.*	Der Bürgermeister ist **gegen** den Bau des neuen Rathauses.

opposite	–	**gegenüber**
in front of	–	**vor**
to be opposed to	–	**gegen etwas sein, etwas ablehnen**

151 *or, otherwise* (M)

*Do you want some ice-cream **or** a cup of coffee?*	Möchtest du ein Eis **oder** eine Tasse Kaffee?
*I have a headache but **otherwise** I feel good.*	Ich habe Kopfschmerzen, aber **ansonsten** geht es mir gut.
*You'd better put your hands up, **otherwise** I'm going to shoot you.*	Sie nehmen besser Ihre Hände hoch, **sonst** werde ich auf Sie schießen (**oder** ich schieße).

or	–	**oder**
otherwise	–	**ansonsten, sonst, anderenfalls**

Test 149

Setze die richtige Form von ***oneself*** oder ***by oneself*** ein:

1. *Have a look at ....; you look terrible!*
2. *Did you do your homework ....?*
3. *Sally finished all the work ....*.
4. *Oh my God, I've hurt .... Help me!*
5. *What are you doing? – We're just enjoying .... in the disco.*
6. *What's that noise? – These old people are talking to ....*.

Test 150

Setze ***opposite, in front of*** oder ***opposed to*** ein:

1. *Can you tell me where the church is? – It's .... the theatre.*
2. *Why is the president .... the new motorway?*
3. *I suddenly saw the brake light of the car .... me.*
4. .... *our house there is a boarding school.*
5. *When phoning Germany you must put 0049 .... the number.*

Test 151

Übersetze:

1. Julian ist ein bisschen müde, aber ansonsten geht es ihm gut.

....

2. Gehst du heute oder morgen ins Kino?

....?

3. Beeil dich, sonst werde ich böse.

....

152 *ordinary, vulgar* (F)

*This restaurant seems much too expensive for **ordinary** people.*	Dieses Restaurant scheint viel zu teuer für **gewöhnliche** (ϟ **nicht:** ordinäre) Leute zu sein.
*It's a very **ordinary** book.*	Es ist ein ziemlich **mittelmäßiges** (ϟ **nicht:** ordinäres) Buch.
*I don't understand how she could fall in love with such a **vulgar** man!*	Ich verstehe nicht, wie sie sich in so einen **ordinären** Mann verlieben konnte!

ordinary	–	**gewöhnlich, einfach, üblich; mittelmäßig** (für Bücher, Kunst etc.)
vulgar	–	**ordinär, vulgär**

153 *pair nouns* (G)

*Where **are** my **glasses**?*	Wo **ist** meine **Brille**?
***These shorts are** quite expensive.*	**Diese kurze Hose ist** ziemlich teuer.

Im Englischen gibt es eine Reihe von Paarwörtern, die **nur im Plural** benutzt werden. Auch die damit verbundenen **Verbformen** und **Pronomen** müssen im **Plural** stehen.

binoculars	–	**Fernglas**
glasses	–	**Brille**
jeans	–	**Jeans**
pyjamas	–	**Schlafanzug**
scissors	–	**Schere**
shorts	–	**kurze Hose**
trousers	–	**Hose**

! Beachte:

Will man diese Paarwörter zählen, so muss man **…** ***pair(s) of*** davorsetzen.

Test 152

Übersetze:

1. Hör auf, so ordinäre Wörter zu benutzen!

....!

2. Dies hier ist nichts Besonderes, nur ein gewöhnlicher Tee.

....

3. *How was your day? – Pretty ordinary.*

....

Test 153

Übersetze:

1. Wo ist mein Fernglas?

....?

2. Diese Schere ist zu gefährlich für dich.

....

3. Ich möchte eine Hose kaufen. Diese hier gefällt mir.

....

4. Wo hast du deinen Schlafanzug gekauft? Er ist sehr hübsch. – Aber er war nicht sehr teuer.

....?

....

5. Diese Jeans ist sehr schmutzig, willst du sie nicht waschen?

....?

6. Hier sind zwei kurze Hosen für dich, gefallen sie dir?

....?

154 *pants, trousers, underpants* (AE-BE)

(AE) *Yesterday I bought a new pair of **pants**.*
(BE) *Yesterday I bought a new pair of **trousers**.*

Gestern habe ich eine neue **Hose** gekauft.

(AE) *He stood there, almost naked, wearing only his **underpants**.*
(BE) *He stood there, almost naked, wearing only his **pants**.*

Er stand da, fast nackt, und trug nur seine **Unterhose**.

pants **(AE)** ***trousers*** **(BE)**	–	**Hose**
pants **(BE)** ***underpants*** **(AE)**	–	**Unterhose**

155 *pass an exam, take an exam* (M)

*I am so happy that I **passed** my university exam last week!*

Ich bin so glücklich, dass ich meine Prüfung an der Uni letzte Woche **bestanden** habe!

*You lucky thing, I have to **take** my exams next week and I'm so nervous!*

Du Glückliche, ich muss meine Prüfungen nächste Woche **machen** und ich bin so nervös!

to pass an exam	–	**eine Prüfung bestehen**
to take an exam	–	**eine Prüfung machen, sich einer Prüfung unterziehen**

156 *personal, personnel* (Ä/F)

*In my **personal** opinion your decision is wrong.*

Meiner **persönlichen** Meinung nach ist deine Entscheidung falsch.

*Please don't make any **personal** comments.*

Bitte gib keine **persönlichen** Kommentare ab!

*Do you think our airline **personnel** is not good enough?*

Bist du der Meinung, dass das **Personal** unserer Fluglinie nicht gut genug ist?

personal [ˈpɜːsənəl]	–	**persönlich**
personnel [pɜːsəˈnel]	–	**Personal, Belegschaft**

Test 154

Übersetze die Worte des Moderators einer Modenschau in New York:

1. „Sam trägt Seidenunterhosen mit Knöpfen. Oliver fühlt sich wohl in dieser bequemen Hose von Ducata.“

....

....

Übersetze die Aussage eines Kunden in einem Londoner Kaufhaus:

2. „Ich möchte eine Hose kaufen und ich brauche ein paar neue Unterhosen.“

....

....

Test 155

Setze die richtige Form von ***pass*** oder ***take*** ein:

1. *When did you .... your final exams? – Last week, but I don't know yet wether I .... them or not.*
2. *Tomorrow I will .... my driving test. If I .... it, I will pick you up in Dad's car.*
3. *If you don't study at all, you will never .... your exams.*

Test 156

Setze ***personal*** oder ***personnel*** ein:

1. *I can understand that he only acts according to his .... conviction.*
2. *The .... in the new department store is very polite.*
3. *Do you know anybody of the company's ....?*
4. *I don't know anything about my boss's .... life.*
5. *This conversation is getting rather ....*

157 *place, room, seat* (M)

*This is the **place** where we met first.*	Das ist der **Ort**, an dem wir uns zum ersten Mal trafen.
*On our tour through Italy we saw so many different **places**.*	Auf unserer Rundreise durch Italien haben wir so viele verschiedene **Plätze** gesehen.
*Would you please make some **room** for us?*	Würdest du uns bitte ein bisschen **Platz** machen?
*Is this **seat** taken?*	Ist der **Platz** besetzt?

place	–	**Ort, Platz** (allgemein)
room	–	**Platz** (räumliche Ausdehnung)
seat	–	**(Sitz-)Platz**

→ vgl. *chair, seat,* 46

158 *practise, train* (V)

*I **practise** playing the piano two hours a day.*	Ich **übe** zwei Stunden täglich Klavier.
*Mr Connor **is training** our volleyball team for the competition.*	Mr Connor **trainiert** unsere Volleyballmannschaft für den Wettkampf.
*My boss **is training** me to be an accountant.*	Mein Chef **bildet** mich zum Buchhalter **aus**.
*I've **trained** my dog to bring me the newspaper.*	Ich habe meinen Hund **abgerichtet**, mir die Zeitung zu bringen.

to practise	–	(regelmäßig) **üben**
to train	–	**trainieren** (im Sport)
	–	**ausbilden** (im Beruf)
	–	**dressieren, abrichten** (bei Tieren)

→ vgl. *advise, advice, practise, practice,* 4

! Beachte:

practice bedeutet **Übung**; im **AE** allerdings bezeichnet ***practice*** sowohl das Verb als auch das Substantiv!

Test 157

Setze ***place(s), room*** oder ***seat(s)*** ein:

1. *Is there enough* .... *for 31 people in the restaurant?*
2. *Would you please take your* ....*?*
3. *This town is a terrible* .... *to live.*
4. *This cupboard is too big for my apartment, it takes up too much* ....*.*
5. *Where was the* .... *you met for the last time?*

Test 158

Setze die richtige Form von ***practise*** oder ***train*** ein:

1. *Do you know someone who* .... *lions for films?*
2. *Before the big match the football team* .... *every day.*
3. *Mr Green teaches very well although he is not a* .... *teacher.*
4. *This horse was specially* .... *for this race.*
5. *I can't play this piece of music because I haven't* .... *enough.*
6. *Before I could do this job I had to be* .... *as an engineer.*
7. *He obviously* .... *his religion very conscientiously*[1].

? [1]gewissenhaft

159 *precede, proceed* (Ä)

*John Major **preceded** Tony Blair as Prime Minister.*

John Major **ging** Tony Blair als Premierminister **voraus**.

*You can read everything about his opinion on the **preceding** pages.*

Sie können alles über seine Meinung auf den **vorangegangenen** Seiten lesen.

*After having lunch we **proceeded** to discuss the problem.*

Nach dem Mittagessen **fuhren** wir **fort**, das Problem zu diskutieren.

to precede [prɪˈsiːd]	–	**vorausgehen, vorangehen**
to proceed [prəˈsiːd]	–	**fortfahren, weitermachen, -gehen**

160 *pregnant, concise* (F)

*Tina is expecting a baby; she is **pregnant** six months.*

Tina erwartet ein Baby, sie ist seit sechs Monaten **schwanger**.

*Can you give a short and **concise** (↯ **nicht:** pregnant) answer, please?*

Können Sie eine kurze und **prägnante** Antwort geben?

pregnant	–	**schwanger**
concise	–	**prägnant, kurz, knapp**

161 *prevent, protect, deter* (M)

*Tom and Mary are so in love that nobody could **prevent** them from marrying.*

Tom und Mary sind so verliebt, niemand könnte sie davon **abhalten**, zu heiraten.

*Robert wears two pullovers to **protect** him from the cold.*

Robert trägt zwei Pullis, um sich vor der Kälte zu **schützen**.

*Capital punishment doesn't **deter** criminals from killing other people.*

Die Todesstrafe **hält** Verbrecher nicht davon **ab**, andere Leute zu töten.

to prevent	–	**abhalten; verhindern**
to protect	–	**(be)schützen**
to deter	–	**abhalten, abschrecken**

Test 159

Setze die richtige Form von ***precede*** oder ***proceed*** ein:

1. *The* .... *book was better than this one.*
2. *Now you can* .... *with your studies, sirs.*
3. *Unfortunately the construction of the new shopping centre is not* .... *quickly.*
4. *I saw the Queen come into the church. She was* .... *by her family.*
5. *This is exactly what I claimed in all my* .... *essays.*

Test 160

Übersetze:

1. Ich möchte eine kurze, prägnante Antwort: Liebst du mich oder nicht?

   ....?

2. *Have you heard that Sue's mother is pregnant again?*

   ....?

3. In der Zeitung habe ich eine prägnante Zusammenfassung dessen gelesen, was passiert war.

   ....

Test 161

Setze die richtige Form von ***prevent, protect*** oder ***deter*** ein:

1. *Don't be frightened, I will* .... *you!*
2. *Do you think the high fines will* .... *drivers from speeding on the motorway?*
3. *When I thought about the consequences I was* .... *from robbing the bank.*
4. *The new medicine will* .... *the disease from spreading.*
5. *The president uses a special car to* .... *him from assassination attempts.*

162 *progressive form* nach *always* (G)

*I'm **always** meeting Carol in the cinema.*	Ich treffe Carol **immer** im Kino.
*I'm **always** hurting myself.*	Ich verletzte mich **andauernd**.
*Phil is **always** borrowing money.*	Phil leiht sich **ständig** Geld.

Normalerweise wird nach dem Zeitadverb ***always*** das ***simple present*** verwendet. Will man jedoch
1. eine **ungeplante** Häufung desselben Ereignisses oder
2. eine **Kritik** an der Häufung desselben Ereignisses ausdrücken, dann benutzt man die ***-ing*-Form**.

163 *proof, prove* (Ä)

*The professor gave us written **proof** that using mobile phones is harmful.*	Der Professor gab uns den schriftlichen **Beweis**, dass das Benutzen von Mobiltelefonen schädlich ist.
*Do you have any **proof** that this man was the burglar?*	Haben Sie irgendwelche **Beweise** dafür, dass dieser Mann der Einbrecher war?
*I can't **prove** it, but I'm sure of it.*	Ich kann es nicht **beweisen**, aber ich bin mir sicher.

proof [pru:f]	–	**Beweis(e)**
to prove [pru:v]	–	**beweisen**

Test 162

Übersetze:

1. Er stört mich immer dann, wenn ich lerne.

   ....

2. Meine Eltern beklagen sich immer, wenn wir in Schwierigkeiten sind.

   ....

3. Seltsam, immer wenn ich nach Italien fahre, treffe ich meine Nachbarn.

   ....

4. Dieses verdammte Auto geht ständig kaputt[1]!

   .... !

? [1] *to break down*

Test 163

Setze ***proof*** oder ***prove*** ein:

1. *The lawyer wants to* .... *that his client didn't kill his wife.*
2. *The police have no* .... *that we stole the paintings, don't worry.*
3. *Finally the team of scientists found conclusive* .... *for their theory.*
4. *Do you have any* .... *that he is the father of the baby?*
5. *She'll never tell anybody because she can't* .... *anything.*

The public prosecutor presented a witness to prove that Mr Fox was the one who robbed Dr Smith's house last June. Unfortunately the witness hadn't seen the burglar climbing through the villa's window. So for the judge there was no proof that the defendant, Mr Fox, had committed the crime.

164 *purse, handbag, billfold, wallet* (AE-BE)

(AE) *Mary always has three lipsticks in her **purse**.* **(BE)** *Mary always has three lipsticks in her **handbag**.*	Mary hat immer drei Lippenstifte in ihrer **Handtasche**.
(AE) *Oh my God, my **wallet** has been stolen!* **(BE)** *Oh my God, my **purse** has been stolen!*	Oh Gott, mein **Geldbeutel** wurde gestohlen!
(AE) *Where is your identity card? – It's in my **billfold**.* **(BE)** *Where is your identity card? – It's in my **wallet**.*	Wo ist dein Personalausweis? – Er ist in meiner **Brieftasche**.

purse **(AE)** ***handbag*** **(BE)**	–	**Handtasche**
purse **(BE)** ***wallet*** **(AE)**	–	**Geldbeutel**
wallet **(BE)** ***billfold*** **(AE)**	–	**Brieftasche**

165 *quiet, quite* (Ä)

*Be **quiet**, please!*	Seid bitte **ruhig**!
*Carol has a very **quiet** voice.*	Carol hat eine sehr **leise** Stimme.
*It's **quite** cold outside, isn't it?*	Es ist **ziemlich** kalt draußen, nicht wahr?
*Sam is **quite** a shy boy.*	Sam ist ein **ziemlich** schüchterner Junge.

quiet [ˈkwaɪət]	–	**ruhig, still, leise**
quite [kwaɪt]	–	**ziemlich**

→ vgl. *so, such*, 180

! Beachte:

Bei ***quite*** (genauso wie bei ***what, rather, such*** und ***half***) wird der unbestimmte Artikel **nachgestellt**!

Test 164

Übersetze die folgende Anzeige auf einem amerikanischen Polizeirevier:

1. „Ich möchte meine Handtasche als gestohlen melden[1]. Ein teurer Geldbeutel und meine Brieftasche waren darin."

....

....

2. In einem Fundbüro einer kleinen englischen Stadt hängt ein Zettel mit den Fundsachen:

   „Fundsachen[2]: 1 roter Geldbeutel, 1 Handtasche, 3 Schlüssel, 1 braune Brieftasche."

....

....

? [1] *report sth. stolen* [2] *lost property*

Test 165

Setze ***quiet*** oder ***quite*** ein:

1. *You don't need a jacket, it's* .... *warm outside.*
2. *Conny seems sad today. She is* .... *and has tears in her eyes.*
3. *This is a very nice,* .... *class. You won't have any problems with them.*
4. *Can I walk to the zoo? – Oh no, it's* .... *a long way away. You'd better take the bus.*
5. *Would you please put on some music? It's so* .... *in here!*

166 *rare, scarce* (M)

*I don't know this flower. It must be a **rare** one.*	Ich kenne diese Blume nicht, es muss eine **seltene** sein.
*Water is **scarce** in the desert.*	In der Wüste ist Wasser **knapp**.
*Apples are **scarce** this year.*	Äpfel sind dieses Jahr **selten**.

rare	–	**selten** („selten vorkommend")
scarce	–	**knapp, selten** („schwer zu bekommen")

167 *realize, recognize* (M)

*Peter suddenly **realized** that he had made the biggest mistake of his life.*	Plötzlich **erkannte** Peter, dass er den größten Fehler seines Lebens gemacht hatte.
*I will **realize** all my plans next year.*	Nächstes Jahr werde ich all meine Pläne **verwirklichen**.
*After ten years abroad I didn't **recognize** her any more.*	Nach zehn Jahren im Ausland habe ich sie nicht mehr **wiedererkannt**.

to realize	–	**erkennen, begreifen, einsehen,** (Pläne) **verwirklichen**
to recognize	–	**(wieder)erkennen**

168 *regret to do, regret doing* (G)

*We **regret to inform** you that we can't offer you this job.*	Wir **bedauern**, Ihnen **mitteilen zu müssen**, dass wir Ihnen diese Stelle nicht anbieten können.
*I so **regret leaving** him.*	Ich **bedaure** so sehr, ihn **verlassen zu haben**.

regret + to do	–	**bedauern, etwas zu tun (tun zu müssen)** (Bezug auf zukünftige oder gegenwärtige Handlung)
regret doing	–	**bedauern, etwas getan zu haben** (Bezug auf vergangene Handlung)

→ vgl. *go on* 111, *remember* 170

Test 166

Übersetze:

1. Ich habe gestern einen sehr seltenen Schmetterling gesehen.

....

2. In der Dritten Welt sind Medikamente knapp.

....

3. Dies ist ein seltener Fisch. Er ist sehr teuer.

....

Test 167

Übersetze:

1. Tony erkannte, dass er Mary hätte heiraten sollen.

....

2. Glaubst du, du kannst all deine Träume verwirklichen?

.... ?

3. Ich erkenne dich auf diesem Foto nicht.

....

Test 168

Setze das Verb in Klammern in der richtigen Form ein:

1. *I regret* .... *(inform) you that you are fired.*
2. *Tim greatly regrets* .... *(not / have) married his first girlfriend.*
3. *I regret* .... *(write) that letter, believe me!*
4. *We regret* .... *(tell) you that you didn't pass the test.*

169 *relief, relieve* (Ä)

*It was a big **relief** when she heard that he had returned from Africa healty.* — Es war eine große **Erleichterung** für sie, als sie hörte, dass er gesund aus Afrika zurückgekommen war.

*This medicine **relieves** pain.* — Dieses Medikament **lindert** Schmerzen.

relief	–	**Erleichterung**
to relieve	–	**erleichtern, lindern**

170 *remember to do, remember doing* (G)

Please ***remember to write*** *the letter.* — Bitte **denke daran**, den Brief zu schreiben.

*I **remember** clearly **locking the door**.* — Ich **erinnere** mich genau daran, die Tür abgeschlossen zu haben.

remember to do	–	**daran denken**, etwas zu tun (Bezug auf **zukünftige** Handlung; man denkt an etwas, **bevor** man es tut.)
remember doing	–	**sich erinnern**, etwas **getan zu haben** (Bezug auf **vergangene** Handlung; man denkt an etwas, **nachdem** man es getan hat.)

→ vgl. *regret to do, regret doing,* 168

171 *safe, save* (Ä)

*In this house we are **safe**.* — In diesem Haus sind wir **sicher**.

*Ronny **saved** Tina's life.* — Ronny hat Tina das Leben **gerettet**.

*We have **saved** a lot of money in the last few years.* — In den letzten Jahren haben wir viel Geld **gespart**.

safe [seɪf]	–	**sicher, ungefährlich**
to save [seɪv]	–	**retten,** (Geld) **sparen**

Test 169

Setze die richtige Form von ***relief*** oder ***relieve*** ein:

1. *Your being here* .... *my sadness.*
2. *It was a* .... *to finally tell you the truth.*
3. *This tablet will bring you some* ....
4. *These new machines* .... *the workload in the factory.*

Test 170

Übersetze:

1. Erinnerst du dich an Mr Miller?

   ....?

2. Ja, ich erinnere mich, ihn auf einer Party getroffen zu haben.

   ....

3. Ich erinnere mich vage[1], mit ihm über dich gesprochen zu haben.

   ....

4. Denke daran, dass du ihn morgen anrufst.

   ....

? [1]*vaguely*

Test 171

Setze die richtige Form von ***safe*** oder ***save*** ein:

1. *Don't worry we're* .... *here.*
2. *He* .... *the passengers and brought them to a* .... *place.*
3. *I was so glad that Bob came home* .... *and sound from his tour around the world.*
4. *I knew that my secret would be* .... *with her.*
5. .... *your energy for tomorrow; we have a lot of work to do.*

172 *safe, sure, certain* (M)

*This road is not **safe**.* — Diese Straße ist nicht **sicher**.

*I'm **sure** you will feel better soon.* — Ich bin **sicher**, du wirst dich bald besser fühlen.

*Studying is a **sure** method to improve your English.* — Lernen ist eine **sichere** Methode, um dein Englisch zu verbessern.

*He is **certain** to tell the truth.* — Er sagt **sicher** die Wahrheit.

safe	–	**sicher** (im Sinne von **ungefährlich**)
to be sure	–	**sich sicher sein**
sure / certain	–	**sicher, zuverlässig**

→ vgl. *safe, save,* 171

173 *salad, lettuce* (F)

*I'll have a mixed **salad**, please.* — Ich hätte gern einen gemischten **Salat**.

*I prefer just **lettuce** and cucumber.* — Ich bevorzuge nur **Kopfsalat** mit Gurken.

salad	–	**Salat** (allgemein)
lettuce	–	**Kopfsalat**

174 *say, tell* (V)

*John didn't **tell** us the truth.* — John **erzählte** uns nicht die Wahrheit.

*Mum always **tells** us stories.* — Mami **erzählt** uns immer Geschichten.

*Sorry, I can't hear what you are **saying**.* — Entschuldige, ich kann nicht hören, was du **sagst**.

to tell	–	**erzählen, mitteilen, berichten**
to say	–	**sagen, reden, sprechen**

! Beachte:

Bei ***tell*** wird das indirekte Objekt immer **ohne *to*** angeschlossen: *He **told Peter** everything.*
Bei ***say*** wird das indirekte Objekt immer **mit *to*** angeschlossen: *He **said** goodbye **to Peter**.*

Test 172

Setze ***safe, sure*** oder ***certain*** ein:

1. *Is it* .... *to swim here? – I'm not* ....
2. *Do you think flying is a* .... *means of transport? – I'm* .... *it is very* ....
3. *Where do you keep your money? – It in a* .... *place, of course.*
4. *Repetition is a* .... *way of keeping things in mind.*
5. *Jim is* .... *to be here.*

Test 173

Übersetze:

1. *When I was on a diet last year, I only ate salad for three months.*

....

2. *You have to buy some tomatoes and lettuce.*

....

Test 174

Setze die richtige Form von ***say*** oder ***tell*** ein:

1. *Chris* .... *me yesterday that you were going abroad for some time.*
2. .... *something!*
3. .... *me the truth; I won't* .... *anybody.*
4. *I can't remember what he* .... *to me, but if I did I would* .... *you.*
5. *He was very unfriendly and* .... *me to be quiet.*

175 *scrupulous, unscrupulous* (F)

*Mr Rich always does his work in a very **scrupulous** way.*

Mr Rich macht seine Arbeit immer sehr **gewissenhaft** (ϟ **nicht:** skrupellos).

*He's never heard the word "moral", he is absolutely **unscrupulous**.*

„Moral" ist ein Fremdwort für ihn, er ist absolut **skrupellos**.

scrupulous	–	**gewissenhaft**
unscrupulous	–	**skrupellos**

He's scrupulous.

He's unscrupulous.

176 *search, search for* (Ä)

*The police officer **searched** Dean's jacket.*

Der Polizeibeamte **durchsuchte** Deans Jacke.

*I've been **searching for** you everywhere!*

Ich habe überall **nach** dir **gesucht**!

to search	–	**durchsuchen**
to search for	–	**suchen (nach)**

177 *silicon, silicone* (F)

*Computer chips are made of **silicon**.*

Computerchips werden aus **Silizium** gemacht.

*Many women have **silicone*** (ϟ **nicht:** *silicon*) *breast implants.*

Viele Frauen haben Brustimplantate aus **Silikon**.

silicon [ˈsɪlɪkən]	–	**Silizium**
silicone [ˈsɪlɪkəʊn]	–	**Silikon**

Test 175

Übersetze:

1. *Douglas is a very scrupulous worker.*

   ....

2. *Watch out for David, he is really unscrupulous.*

   ....

3. *Mr White examined everything in a scrupulous way.*

   ....

Test 176

Setze die richtige Form von ***search*** oder ***search for*** ein:

1. *When I* .... *his room, I found another woman's love letters.*
2. *Excuse me, I'm* .... *David, is he here?*
3. *I* .... *the whole house but I couldn't find my wedding ring. I must have lost it. Now I'm going to* .... *it in the office and in the gym.*

Test 177

Setze ***silicon*** oder ***silicone*** ein:

1. *We need some more* .... *to fill the cracks in the bathroom.*
2. *In* .... *Valley they produce computer chips.*
3. .... *is a semi-conductor*[1]*.*
4. .... *is used for insulating*[2] *other materials.*

? [1]Halbleiter [2]isolieren

178 *snake, snail* (F)

I'm afraid of ***snakes****.*	Ich habe Angst vor **Schlangen**.
This ***snail*** *has a very nice shell.*	Diese **Schnecke** hat ein sehr schönes Haus.

snake – **Schlange**
snail – **Schnecke**

He's terribly afraid of ***snails****.*

179 *so, so that* (M)

Lisa was ***so*** *nervous before her exams!*	Vor ihren Prüfungen war Lisa **so** nervös!
Tim is tired. – ***So*** *am I.*	Tim ist müde. – Ich **auch**.
I was hungry, ***so*** *I decided to eat some fruit.*	Ich war hungrig, **deswegen** beschloss ich, etwas Obst zu essen.
She worked hard ***so that*** *she could buy a new car.*	Sie arbeitete hart, **damit** sie sich ein neues Auto kaufen konnte.

so – **so; auch; deswegen**
so that – **damit**

180 *so, such* (M)

Nelly is ***so*** *pretty!*	Nelly ist **so** hübsch.
She is ***such*** *a nice girl.*	Sie ist ein **so** nettes Mädchen.
I didn't know that you had ***such*** *nice friends.*	Ich wusste nicht, dass du **solch** nette Freunde hast.

so – **so, solch** (vor Adjektiv **ohne** Substantiv oder vor Adverb)
such – **so, solch** (vor Adjektiv **mit** Substantiv bzw. vor Substantiv)

Test 178

Übersetze:

1. Gestern im Zoo haben wir gefährliche Schlangen gesehen.

....

2. Schnecken sind ekelhaft[1]!

.... !

? [1]*disgusting*

Test 179

Setze ***so*** oder ***so that*** ein:

1. *Do you know Angela? She's* .... *intelligent.*
2. *Peter has been saving money for three years* .... *he can buy a flat.*
3. *I like Floyd very much,* .... *I was happy when he asked me to go out with him.*
4. *John is in Japan. – Really?* .... *is Henry.*

DYING ISN'T SO BAD, BUT YOU FEEL AWFUL THE NEXT DAY ...

Test 180

Setze ***so*** oder ***such*** ein:

1. *Don't you know Ricky? I thought he was supposed to be* .... *famous.*
2. *He is* .... *a liar; I wouldn't believe him if I were you.*
3. *Erica has* .... *many friends here that she's almost never alone.*
4. .... *a man must have a lot of money, I suppose.*

181 *some time, sometimes* (Ä)

Some time *I will be very rich.*	**Irgendwann** werde ich sehr reich sein.
I ***sometimes*** *get up very early.*	Ich stehe **manchmal** sehr früh auf.

some time	–	**irgendwann**
sometimes	–	**manchmal, ab und zu**

182 *stand, stay* (V)

After the earthquake only three houses there were left ***standing****.*	Nach dem Erdbeben **standen** dort nur noch drei Häuser.
He ***stood up*** *and went away.*	Er **stand auf** und ging weg.
When I was ill I ***stayed*** *at home.*	Als ich krank war, **blieb** ich zu Hause.
During our holidays we ***stayed*** *with friends.*	Während der Ferien **wohnten** wir bei Freunden.

to stand	–	**stehen**
to stay	–	**bleiben**
to stay wih	–	(vorübergehend) **wohnen bei**

! Beachte:

I can't ***stand*** *him.* – Ich kann ihn nicht **ausstehen**.

183 *stop doing, stop to do* (G)

Let's ***stop to see*** *where the noise came from.*	Lasst uns **stehen bleiben und / um zu sehen,** wo der Lärm herkam.
I promised my husband to ***stop smoking****.*	Ich habe meinem Mann versprochen, **mit dem Rauchen aufzuhören**.

stop + **Infinitiv**	–	**aufhören;** um etwas **anderes zu tun**
stop + *-ing*-**Form**	–	**aufhören, etwas zu tun, mit etwas aufhören**

Test 181

Setze ***some time*** oder ***sometimes*** ein:

1. .... *in the future I will have a big house with a garden.*

2. *I* .... *come home very late.*

3. *Call me* .... *tomorrow.*

4. *I met Charlie for the first time* .... *last year and since then we have* .... *spoken on the phone.*

Test 182

Setze die richtige Form von ***stand*** oder ***stay*** ein:

1. *How long are you going to* .... *in Rome?*

2. *Where are you* .... *there? – In a hotel near the Colosseum.*

3. *Is it true that some of the ancient buildings there are still* ....*?*

4. *Yes, the hotel where I'm* .... *has been* .... *for ages.*

DON'T STAND STILL,
KEEP MOVING.
NEVER MIND ABOUT THE DIRECTION!

Test 183

Übersetze:

1. Ich bin hungrig. Lass uns anhalten, um etwas zu essen.

....

2. Hör auf, deinen Bruder zu ärgern[1]!

.... !

? [1] *to tease*

184 *subway, underground, underpass* (AE-BE)

(**AE**) *The fastest way to get there is to take the* ***subway****.*
(**BE**) *The fastest way to get there is to take the* ***underground****.*

Der schnellste Weg, dorthin zu kommen, ist, die **U-Bahn** zu nehmen.

(**AE**) *It's less dangerous to use the* ***underpass*** *than to cross the street up here.*
(**BE**) *It's less dangerous to use the* ***subway*** *than to cross the street up here.*

Es ist weniger gefährlich, die **Fußgängerunterführung** zu benutzen, als die Straße hier oben zu überqueren.

subway **(AE)** ***underground*** **(BE)**	–	**U-Bahn**
subway **(BE)** ***underpass*** **(AE)**	–	**Fußgängerunterführung**

185 *sympathetic, pleasant, likeable* (F)

Dr Smith always understands everything. He is a very ***sympathetic*** *person.*

Dr. Smith versteht immer alles. Er ist ein sehr **verständnisvoller** (↯ **nicht:** sympathischer) Mensch.

When my brother died, everybody had some ***sympathetic*** *words for me.*

Als mein Bruder starb, hatte jeder ein paar **mitfühlende** Worte für mich.

I like Sally very much, she is a ***pleasant*** (↯ **nicht:** *sympathetic*) *girl.*

Ich mag Sally sehr gern, sie ist ein **sympathisches** Mädchen.

This grumpy old man doesn't seem very ***likeable****.*

Dieser mürrische alte Mann scheint nicht sehr **sympathisch** zu sein.

sympathetic	–	**verständnisvoll, mitfühlend**
pleasant / likeable	–	**sympathisch**

Yesterday the funeral of Mr and Mrs Baker, who were killed last week in a terrible accident, took place. They were both very likeable people and nearly the whole town was there to say goodbye to them. The priest had some very sympathetic words for the three children the Bakers left behind.

Test 184

1. Vervollständige das folgende Gespräch in New York mit den amerikanischen Übersetzungen:

"How do I get to the .... (U-Bahn)?" – "*Turn right at the next traffic lights, go through the* .... (Fußgängerunterführung) *and you will come to* .... (U-Bahn)."

2. Übersetze den folgenden Artikel für einen britischen Reiseführer:

London hat eine sehr berühmte U-Bahn. Der Verkehr in der Stadt ist chaotisch, deswegen gibt es viele Fußgängerunterführungen.

....

....

....

Test 185

Übersetze:

1. Mr Jones ist einer meiner sympathischsten Lehrer.

....

2. *Can you imagine that an unpleasant man like him could be so sympathetic? Unbelievable!*

.... !

3. Meine neuen Nachbarn sind sehr sympathisch.

....

4. Dean, du bist heute nicht sehr verständnisvoll.

....

186 *their, there* (Ä)

*Tom and Sally talked to **their** parents about the problem.* — Tom und Sally sprachen mit **ihren** Eltern über das Problem.

*Where is Mike? – **There**, in his car.* — Wo ist Mike? – **Dort** in seinem Auto.

*The butcher's is over **there**.* — Die Metzgerei ist **da** drüben.

their	–	**ihr, ihre(n)**
there	–	**da, dort**

187 *this, that; these, those* (G)

*Do you want **this** pizza?* — Möchtest du **diese** Pizza (hier)?

*No, I prefer **that** one over there.* — Nein, ich möchte lieber **jene** dort drüben.

*Are **these** books yours?* — Gehören **diese** Bücher dir?

*No, mine are **those** ones over there.* — Nein, meine sind **jene** dort drüben.

> ***this / these*** bezeichnen Dinge, die vom Sprecher aus gesehen sowohl **zeitlich** als auch **räumlich nahe gelegen** sind: **dieser / diese / dieses**.
>
> ***that / those*** bezeichnen Dinge, die vom Sprecher aus gesehen sowohl **zeitlich** als auch **räumlich** weiter **entfernt** sind: **jener / jene / jenes**.

188 *threaten, treat* (Ä)

*The burglar **threatened** me with a knife.* — Der Einbrecher **bedrohte** mich mit einem Messer.

*She left her husband because he **treated** her badly.* — Sie verließ ihren Mann, weil er sie schlecht **behandelte**.

to threaten ['θretn]	–	**(be)drohen**
to treat [triːt]	–	**behandeln**

Test 186

Setze ***their*** oder ***there*** ein:

1. *Where are Ann and George? – They went* .... *in* .... *car.*
2. *Do you know the Smiths and* .... *neighbours?*
3. *What the hell are you doing over* ....*?*
4. .... *children must be* .... *in the café.*

Test 187

Setze ***this*** oder ***that*** ein:

1. *Do you know* .... *man here?*
2. *Have you ever seen* .... *woman over there?*
3. *Look at* .... *lady over there in the corner.*

Setze die Sätze 1–3 in den Plural:

....

....

....

Test 188

Übersetze:

1. *Treat my daughter well!*

   ....!

2. *John threatened his brother with a gun.*

   ....

First the burglar threatened Mrs Johnson with a knife, and when she tried to scream he hurt her. She had to be treated in hospital.

189 *time: in time, on time* (Ä)

I hope we will arrive ***in time*** *to see the beginning of the film.*

Ich hoffe, wir kommen noch **rechtzeitig**, um den Anfang des Filmes zu sehen.

Our train arrived right ***on time****.*

Unser Zug kam genau **pünktlich** an.

in time	–	**rechtzeitig** (in einem Zeitrahmen)
on time	–	**pünktlich** (genau)

190 *trace, track, trail* (M)

Unfortunately the burglars had left no ***traces*** *behind.*

Leider hatten die Einbrecher keine **Spuren** hinterlassen.

When I left the house, I saw some ***tracks*** *leading to the garage.*

Als ich aus dem Haus ging, sah ich ein paar **Spuren**, die zur Garage führten.

We found her by following the ***trail*** *of torn paper she had left behind her.*

Wir fanden sie, indem wir der **Spur** der Papierschnipsel, die sie hinterlassen hatte, folgten.

trace	–	**Spur** (allgemein), **Anzeichen**
track	–	**Spur, Fährte; Gleis**
trail	–	**(lang gezogene) Spur, Schleifspur;** auch: **Wanderweg**

191 *try to do, try doing* (G)

When I came home last night I ***tried to be*** *very quiet because everyone was sleeping.*

Als ich letzte Nacht nach Hause kam, **versuchte** ich, sehr leise **zu sein**, weil alle schon schliefen.

I've got such a headache! – Why don't you ***try going*** *to the doctor's?*

Ich habe solche Kopfschmerzen! – **Versuch's** doch mal **mit** einem Arztbesuch.

try to do	–	**versuchen, etwas zu tun,** (d. h., sich bemühen, etwas zu erreichen)
try doing	–	**etwas ausprobieren, es mit etwas versuchen**

Test 189

Setze ***in*** oder ***on*** ein:

1. *If we hurry up we will be .... time for the beginning of the play.*
2. *You must run if you want to get there .... time for the match.*
3. *Unfortunately this train never arrives .... time.*
4. *Do you think the plane will leave .... time?*

Test 190

Setze ***trace, track(s)*** oder ***trail*** ein:

1. *Oh, Danny, look, you have left a .... of dirt through the room.*
2. *The assassin[1] did not leave any .... of his crime.*
3. *Let's follow these .... and see where they lead to.*
4. *I can see the train coming along the ....*.

? [1]Attentäter

Test 191

Setze die richtige Form der Verben in Klammern ein:

1. *My TV isn't working. – Why don't you try .... (buy) a new remote control?*
2. *I feel so sick ... Half an hour ago I tried .... (eat) something, but I just couldn't.*
3. *I tried .... (phone) Harry, but he isn't at home. – Try .... (call) his mobile phone number.*
4. *I'm so nervous that I just can't sleep. I've been trying .... (sleep) for hours!*

192 *uncountable nouns* (G)

*Can you feel the **sand** under your feet?*	Kannst du den **Sand** unter deinen Füßen spüren?
*Let's go to the cinema, I've only got a **little work** left to do.*	Lass uns ins Kino gehen, ich habe nur noch **wenig Arbeit** zu erledigen.
*I can't work in here, there's too **much noise**.*	Ich kann hier drinnen nicht arbeiten, hier ist **zu viel Krach**.
*Fortunately the gang didn't do **any damage**.*	Zum Glück hat die Bande **keine Schäden** angerichtet.
*Can you give me **a piece of advice**?*	Kannst du mir **einen Rat** geben?

uncountable nouns sind **unzählbare Substantive**.

Sie
- haben **keinen Plural**.
- können **nicht** mit ***a / an*** verwendet werden.
- können mit ***some, (a) little, (how) much*** und ***a (little) bit of*** gebraucht werden.
- müssen mit Ausdrücken wie ***a piece of, a bottle of, a glass of*** etc. umschrieben werden, um eine konkrete Menge zu benennen.

Viele Substantive werden im Deutschen auch im Plural benutzt, sind im Englischen jedoch ***uncountables***. Hier eine Liste der wichtigsten:

advice – **Ratschläge**

damage – **Schäden**

hair – **Haare**

information – **Informationen**

news – **Nachrichten**

evidence – **Beweise**

furniture – **Möbel**

homework – **Hausaufgaben**

progress – **Fortschritte**

I TRIED TO HUNT KNOWLEDGE

BUT UNFORTUNATELY

IT WAS FASTER THAN ME ...

Test 192

Übersetze:

1. Der Arzt hat mir ein paar gute Ratschläge gegeben.

....

2. Gibt es Beweise für diese Behauptung?

.... ?

3. Meine Haare sind zu kurz, sie gefallen mir nicht.

....

4. Toms Möbel sind noch in seinem alten Haus.

....

5. Es gibt keine Beweise, dass Peter die Schäden im Haus angerichtet[1] hat.

....

6. Hat mein Sohn Fortschritte in der Schule gemacht?

.... ?

7. Ich habe ein paar neue Informationen über Ihren Ehemann.

....

? [1]*do*

193 *undertaker, businessman* (F)

*The **undertaker** prepared the dead body of our mother perfectly for the burial.*

Der **Bestattungsunternehmer** (ϟ **nicht:** Unternehmer) hat die Leiche unserer Mutter perfekt für das Begräbnis vorbereitet.

*We advise all the **businessmen** (ϟ **nicht:** undertakers) in our town to take part in the new campaign.*

Wir raten allen **Unternehmern** in unserer Stadt, an der Kampagne teilzunehmen.

undertaker	–	**Leichenbestatter, Bestattungsunternehmer**
businessman	–	**Unternehmer**

194 unregelmäßige Pluralformen (G)

*Oh my God, I think we have **mice** in here!*

Um Gottes willen, ich glaube, wir haben **Mäuse** hier drin!

*In Susan's class there are a lot of **children**.*

In Susans Klasse sind viele **Kinder**.

Normalerweise wird der englische Plural durch das Anhängen von ***-s*** gebildet. Es gibt jedoch eine Reihe von unregelmäßigen Pluralformen, die man beherrschen sollte:

child	–	***children***
crisis	–	***crises***
fish	–	***fish***
foot	–	***feet***
goose	–	***geese***
man	–	***men*** [men]
mouse	–	***mice***
ox	–	***oxen***
sheep	–	***sheep***
tooth	–	***teeth***
woman	–	***women*** [wɪmɪn]

Test 193

Übersetze:

1. *We advise all undertakers to open an account at our bank.*

....

....

2. Die Unternehmer in Deutschland verdienen viel Geld.

....

....

Test 194

Übersetze:

1. Im Zoo schauen die Kinder die Fische und Gänse an.

....

2. Auf Sams Bauernhof gibt es Ochsen und Schafe und auch ein paar Mäuse.

....

3. Die Männer und Frauen in Russland haben die früheren[1] Krisen ihres Landes nicht vergessen.

....

4. Ich habe heute früh vergessen, meine Zähne zu putzen.

....

5. Deine Füße sind schmutzig, geh bitte duschen!

.... !

? [1]*former*

195 *very, much* (V)

*I'm **very** proud of you.*	Ich bin **sehr** stolz auf dich.
*I can't help you, I don't know **much** about cars.*	Ich kann dir nicht helfen, ich weiß nicht **viel** über Autos.

very	–	**sehr**
much	–	**viel**

196 *whereas, while* (M)

*I hate Peter, **whereas** Tina loves him.*	Ich hasse Peter, **während** Tina ihn liebt. (..., Tina **dagegen** liebt ihn.)
*My father doesn't have a job, **whereas** my mother works as a bank clerk.*	Mein Vater hat keine Arbeit, **während** meine Mutter als Bankangestellte arbeitet. (..., meine Mutter **hingegen** arbeitet als Bankangestellte.)
***While** we were watching TV the children were playing outside.*	**Während** wir fernsahen, spielten die Kinder draußen.
*I waited for Tom **while** he did his homework.*	Ich wartete auf Tom, **während** er seine Hausaufgaben machte.

whereas	–	**während** (als Gegensatz: **dagegen, hingegen)**
while	–	**während** (zeitlich)

→ vgl. *during, while*, 70

Test 195

Setze ***very*** oder ***much*** ein:

1. *At the moment I have too* .... *work. This is why I'm always* .... *tired. I've worked too* ....
2. *Be careful, the soup is* .... *hot.*
3. *Don't drink so* .... *beer, it's not good for you.*
4. *I haven't seen* .... *of Ken lately; I'm* .... *disappointed in him.*

Test 196

Übersetze:

1. Während ich im Schlafzimmer war, klingelte im Wohnzimmer das Telefon.

....

2. Ich bleibe normalerweise zu Hause, mein Mann dagegen geht mit anderen Frauen aus.

....

3. Cindy mag romantische Filme, während ihr Freund sie hasst.

....

4. Während wir unsere Ferien genossen, arbeitete mein Vater.

....

He's fishing while we practise our English.

197 *who, which, that* (G)

I know somebody ***who*** *lives in Australia.*	Ich kenne jemanden, **der** in Australien lebt.
Have you read the book ***which*** *is lying on the table?*	Hast du das Buch gelesen, **das** auf dem Tisch liegt?
Where the hell is the cake ***that*** *I bought yesterday?*	Wo zum Teufel ist der Kuchen, **den** ich gestern gekauft habe?
This is the book ***that*** *I have been looking for since Christmas.*	Dies ist das Buch, **das** ich seit Weihnachten suche.

who – **Relativpronomen** für **Personen**

which – **Relativpronomen** für **Dinge**

In der **informellen Sprache** kann im **notwendigen Relativsatz** statt ***who*** oder ***which*** auch ***that*** für Personen **und** Dinge verwendet werden.

Notwendige Relativsätze erklären ein Wort im übergeordneten Satz näher. Sie sind für das Verständnis des Satzes nötig und werden **nicht durch Kommas abgetrennt**.

!

Beachte:

Im **nicht notwendigen Relativsatz** ist ***that*** nicht möglich:

Peter, ***who*** *is 25 years old, lives in Australia.*	Peter, **der** 25 Jahre alt ist, lebt in Australien.
This novel, ***which*** *I bought in London last year, is one of my favourite books.*	Dieser Roman, **den** ich letztes Jahr in London gekauft habe, ist eines meiner Lieblingsbücher.

Nicht notwendige Relativsätze geben Zusatzinformationen. Sie sind zum Verständnis des Hauptsatzes nicht erforderlich und werden **durch Kommas abgetrennt**.

Test 197

Setze ***who, which*** oder ***that*** ein:

1. *The man .... lives next door is Tom's brother.*
2. *A mobile phone is a telephone .... can be used everywhere.*
3. *Stewart's new film is about a girl .... wants to leave her parents at the age of 12.*
4. *Frank, ... has written several novels, is now making his first film.*
5. *Ron told me everything about his new flat, ... he likes very much.*
6. *My sister Barbara, ... lives in Germany, speaks English, French, German and Italian.*
7. *This is the man .... saved the little girl's life.*
8. *I love this house, ... was bought by my father.*
9. *Tell me the story about the girl .... left her parents to become a star.*
10. *Do you know the new restaurant .... was opened last week?*
11. *Would you really marry a man .... is accused of murder?*
12. *I can't believe it! Peter, ... is always the first to arrive and the last to leave, won't be coming to our party next week.*

Übersetze (und achte auf die richtige Kommasetzung!):

13. Dies ist die Frau, die letzte Woche in der Lotterie gewonnen hat.

....

14. Der Prozess[1], der über drei Jahre dauerte, ging im Mai zu Ende.

....

15. Kevin, der es hasst, zur Schule zu gehen, wird für ein Jahr auf eine amerikanische High School gehen.

....

....

? [1]*trial*

198 *whose, who's* (Ä)

*Do you know **whose** pullover this is?*	Wisst ihr, **wessen** Pulli das ist?
***Who's** in there?*	**Wer ist** da drin?

> ***whose*** ist ein Fragewort (**wessen?**) oder Relativpronomen (**dessen, deren**) und wird **in einem Wort** geschrieben.
>
> ***who's*** ist eine Abkürzung für ***who is*** oder ***who has***.

199 *yet, still, already* (M)

*Have you done your homework **yet**?*	Hast du deine Hausaufgaben **schon** gemacht?
*I have**n't** eaten **yet**.*	Ich habe **noch nicht** gegessen.
*My parents are **still** sleeping.*	Meine Eltern schlafen **noch**.
*Sue has **already** left, I'm afraid.*	Sue ist **schon** weggegangen, befürchte ich.

yet	–	**schon** (in Fragen)
not yet	–	**noch nicht**
still	–	**noch**
already	–	**schon** (in Aussagen)

200 *you, one, they* (M)

***You** can't understand this dialect.*	Diesen Dialekt kann **man** nicht verstehen.
***One** needs a phone card to use this phone.*	**Man** braucht eine Telefonkarte, um dieses Telefon zu benutzen.
***They** say she has left her husband.*	**Man** sagt, sie hätte ihren Mann verlassen.

you / one	–	**man** Sprecher und Zuhörer sind **eingeschlossen** (***one*** ist ein etwas gehobeneres Sprachniveau, ***you*** eher umgangssprachlich).
they	–	**man (sie, die Leute)** Sprecher und Zuhörer werden von der Aussage **ausgeschlossen**.

Test 198

Setze ***whose*** oder ***who's*** ein:

1. .... *that woman over there?*
2. *It's the woman* .... *husband died two days ago.*
3. *Yesterday I met someone* .... *sister was a classmate of yours.*
4. .... *written this book?*

Test 199

Setze ***yet, still*** oder ***already*** ein:

1. *Is it* .... *snowing? – Yes, it hasn't stopped* ....*.*
2. *Is breakfast ready* ....*? – No, I'm* .... *preparing it.*
3. *Where is Susie? – She's* .... *at home.*
4. *I met Tim many years ago, but I* .... *remember how I felt.*
5. *Ann hasn't found a job* ....*. She is* .... *unemployed.*

Test 200

Setze ***you, one*** oder ***they*** ein:

1. .... *have closed my favourite Chinese restaurant.*
2. .... *learn Italian more easily if you already know Latin or French.*
3. .... *gets used to getting up early.*
4. .... *say the weather will be terrible this summer.*

Grammatische Begriffe

■ **Adjektiv** (*adjective*)
Eigenschaftswort – beschreibt, wie etwas beschaffen ist
z. B. ***bright, fast***

attributiv (*attributive*)
steht vor einem Substantiv
z. B. *a* ***wide*** *road*
prädikativ (*predicative*)
steht nach *be, become* etc.
z. B. *The road was* ***wide.***

■ **Adverb** (*adverb*)
Umstandswort – beschreibt, wie, wann oder wo etwas geschieht
z. B. ***safely, in a friendly way, well, there, always***

■ **Aktiv** (*active*)
Tatform → vgl. Passiv
z. B. *The people* ***elected*** *her chairwoman.*

■ **Artikel** (*article*)
Geschlechtswort

bestimmter Artikel (*definite article*)
z. B. ***the*** [ðə] *briefcase,* ***the*** [ðiː] *alley*
unbestimmter Artikel (*indefinite article*)
z. B. ***a*** *briefcase,* ***an*** *alley*

■ **Genitiv** (*genitive*)
2. Fall („wessen?")

***s*-Genitiv** (*s-genitive*)
z. B. *my* ***sister's*** *name*
***of*-Genitiv** (*of-genitive*)
z. B. *the owner* ***of*** *the disco*

■ **Infinitiv** (*infinitive*)
Grundform des Verbs
z. B. *These shoes don't* ***suit*** *you.*
We have ***to ask.***

■ **Konditional I** (*conditional*)
Bedingungsform
z. B. *I* ***wouldn't blame*** *him.*

■ **Konditional II** (*conditional perfect*)
zweite Bedingungsform
z. B. *I* ***wouldn't have blamed*** *him.*

■ **Konjunktion** (*conjunction*)
Bindewort
z. B. ***and, or, whereas***

■ **Konjunktiv** (*subjunctive*)
Möglichkeitsform
z. B. *If I* ***knew*** *..., If I* ***had known*** *...*

■ **Konsonant** (*consonant*)
Mitlaut → vgl. Vokal
z. B. ***b, c, d, f, g***

■ **Nomen** (*noun*)
→ vgl. Substantiv

■ **Objekt** (*object*)
Satzergänzung
z. B. *These trousers suit* ***you.***

■ **Partizip Perfekt** (*perfect participle*)
Mittelwort der Vergangenheit („dritte Form")
z. B. *Have you* ***seen*** *him?*

■ **Partizip Präsens** (*present participle*)
Mittelwort der Gegenwart
z. B. *Who are those people* ***speaking*** *English?*

■ **Passiv** (*passive*)
Leideform → vgl. Aktiv
z. B. *She* ***was elected*** *chairwoman.*

■ **Plural** (*plural*)
Mehrzahl → vgl. Singular
z. B. ***houses, ponies, women***

■ **Pronomen** (*pronoun*)
Fürwort

Possessivpronomen (*possessive pronoun*)
besitzanzeigendes Fürwort
z. B. ***my, your, our, their***

·sonalpronomen (*personal pronoun*)
3. ***I, you, he, she, it***

·räposition (*preposition*)
hältniswort
3. ***in, to, behind, before***

·ingular (*singular*)
zahl → vgl. Plural
3. ***house, pony, woman***

·teigerung (*comparison*)

mparativ (*comparative*)
te Steigerungsform
3. *tall,* ***taller****; bad,* ***worse****;*
ily, ***more*** *easily*

perlativ (*superlative*)
eite Steigerungsform
3. *tall, taller,* ***the tallest****;*
d, worse, ***the worst****;*
ily, more easily, ***most easily***

Subjekt (*subject*)
tzgegenstand
B. ***These trousers*** *suit you.*

Substantiv (*noun*)
uptwort, Nomen
B. ***house, trousers, man***

Verb (*verb*)
itwort

lfsverb (*auxiliary verb*)
nn nur zusammen mit einem Vollverb stehen
B. ***can, may, must***

llverb (*main verb*)
B. ***notice, vote***

transitives Verb (*intransitive verb*)
rb ohne direktes Objekt
B. *My daughter* ***has grown****.*

ansitives Verb (*transitive verb*)
rb mit direktem Objekt
B. *My father* ***grows vegetables*** *in his garden.*

■ **Verlaufsform** (*continuous form, progressive form*)
(= *ing*-Form)
z. B. *It* ***is raining****. It* ***was raining****.*
It ***has been raining****.*

■ **Vokal** (*vowel*)
Selbstlaut → vgl. Konsonant
z. B. ***a, e, i***

■ **Zeiten** (*tenses*)

Futur (*future*)
Zukunft
z. B. ***I'll tell*** *him. I* ***won't tell*** *anybody.*

Präsens (*present tense*)
Gegenwart
z. B. *I* ***love*** *him.*

Präteritum (*past tense*)
Vergangenheit
z. B. *I* ***noticed*** *him.*

präsent perfekt (keine exakte deutsche Entsprechung)
z. B. ***Have*** *you* ***noticed*** *the difference?*

Plusquamperfekt (*past perfect*)
Vorvergangenheit
z. B. *I* ***hadn't noticed*** *him before.*

mentor training XXL

200 Tests

Englisch 5. – 8. Klasse

Mit Regeln, Beispielen, Lösungen

Angela Einberger
Susanne Leeb

Lösungsteil

In Zusammenarbeit mit Langenscheidt

mentor
Eine Klasse besser.

Lösungen zu den einzelnen Tests

Test 1
able to, capable of
1. *able to* 2. *capable of* 3. *able to* 4. *able to* 5. *capable of*

Test 2
accept, except
1. *except* 2. *accepted* 3. *accept* 4. *accept; except*

Test 3
according to, after
1. *Did Paul come before or after Terry?* 2. *According to the map we have to turn right.* 3. *According to my dictionary* „nach" *can mean "according to" or "after".*

Test 4
advice, advise, practice, practise
1. *advice* 2. *advised* 3. *advice* 4. *advised; advice* 5. *practise* 6. *practice; practise*

Test 5
affect, effect
1. *affected* 2. *affected; effects* 3. *effect(s)*

Test 6
ago, before
1. *ago* 2. *before* 3. *ago; before* 4. *ago*

Test 7
all, every
1. *all* 2. *every* 3. *all* 4. *all* 5. *every* 6. *all*

Test 8
alley, avenue
1. *These days, there aren't many avenues any more.* 2. In den meisten alten Städten kann man viele enge Gassen finden. 3. Eine lange Allee führte zum Schloss.

Test 9
allowance, permission
1. *permission* 2. *allowance* 3. *allowance* 4. *permission*

Test 10
alone, lonely
1. *After she had moved to London, she felt very lonely.* 2. *I don't want to go into town alone.*

Test 11
also, either
1. *either* 2. *also* 3. *also*

Test 12
among, between
1. *between* 2. *among* 3. *among* 4. *between* 5. *among* 6. *between*

Test 13
any, every
1. *everyone* 2. *any* 3. *anywhere* 4. *every* 5. *anyone* 6. *everywhere* 7. *anything; everything*

Test 14
any, some
1. *anyone* 2. *some* 3. *somewhere* 4. *someone* 5. *any* 6. *anything* 7. *some* 8. *anywhere* 9. *some* 10. *something*

Test 15 ***any way, anyway***
1. *anyway* 2. *any way* 3. *anyway* 4. *anyway* 5. *Any way*

Test 16 ***apologize* usw.**
1. *You cannot imagine how much she has changed!* 2. *Hurry up and get dressed!* 3. *I often relax in the evening with a good book.* 4. *He could only remember the accident when he concentrated.*

Test 17 ***appreciate, guess***
1. *I really appreciate your offer.* 2. *I guess he's about forty years old* 3. *Carl doesn't seem to appreciate your dinner.*

Test 18 ***area, era***
1. *era* 2. *area* 3. *area* 4. *era*

Test 19 ***at first, firstly***
1. *at first* 2. *Firstly* 3. *At first* 4. *Firstly; at first*

Test 20 ***at the end, at last, finally***
1. *finally* 2. *at the end* 3. *At last* 4. *at last*

Test 21 ***audience, public***
1. *audience* 2. *public* 3. *public* 4. *public* 5. *audience*

Test 22 ***aware of, familiar with***
1. *Are you familiar with this computer?* 2. *Sue wasn't aware of the danger.*

Test 23 ***back, backside***
1. *back* 2. *back* 3. *backside* 4. *backside* 5. *back* 6. *back*

Test 24 ***bath, bathe***
1. *bath* 2. *bathe* 3. *bathe* 4. *bath* 5. *bath*

Test 25 ***because, because of***
1. *because of* 2. *because; because of* 3. *Because* 4. *because of*

Test 26 ***become, get, grow, turn***
1. *growing* 2. *turn into* 3. *grew* 4. *turned* 5. *get* 6. *become*

Test 27 ***belong to, own***
1. *Don't touch the cake, it belongs to me!* 2. *One day I will have a lot of money and own a big house and a fast car.*

Test 28 ***beside, besides***
1. *besides* 2. *beside* 3. *beside; Besides* 4. *Besides*

Test 29 ***blame, fault***
1. *fault* 2. *blame; fault* 3. *blame* 4. *blame; fault*

Test 30 ***blame s.o., make a fool of oneself***
1. *make a fool of yourself* 2. *blame; blame* 3. *making a fool of yourself*

Test 31 ***both, two***
1. *Both (of) her cats were playing in the living room.* 2. *Two of the peaches were bruised.* 3. *Simon ate both pieces of cake.* 4. *Did you close both (the) windows?*

Test 32 ***brake, break***
1. *brake* 2. *break* 3. *brakes* 4. *break*

Test 33 ***breath, breathe***
1. *breath* 2. *breathe* 3. *breathe* 4. *breath* 5. *breath; breathe*

Test 34 ***briefcase, letter box, post-box***
1. *There was a strange letter in the letter box today.* 2. *I think I need a new briefcase.* 3. *Please tell me if you happen to see a post-box.*

Test 35 ***briefly, shortly, soon, recently, lately***
1. *Have you visited Grandpa lately / recently?* 2. *We went home shortly / soon after the end of the film.* 3. *I was at the theatre recently.* 4. *Jill and Jake will arrive shortly / soon.* 5. *Can you tell me briefly what the book's about?*

Test 36 ***bright, wide***
1. Es war ein strahlender, sonniger Tag. 2. *The riders gallopped over wide fields.* 3. Ich mag leuchtende Farben. 4. *Karen liked the wide rooms in her new flat.* 5. *A wide road led towards the house.*

Test 37 ***bring up, educate; upbringing, education***
1. *brought up* 2. *education* 3. *upbringing* 4. *educated* 5. *education* 6. *upbringing*

Test 38 ***Britain, British Isles, England, the United Kingdom***
1. *the United Kingdom; the British Isles; England; Great Britain* 2. *Great Britain; the United Kingdom; the British Isles; England; England*

Test 39 ***broad, wide***
1. *broad* 2. *wide* 3. *broad* 4. *wide*

Test 40 ***by, with***
1. *Brian hurt himself with a knife.* 2. *Zoe chased the dog away by throwing a stone at it.* 3. *Could you convince him with your arguments?* 4. *They persuaded their father by telling him that Liz was also allowed to go to the party.*

Test 41 ***card, postcard, menu, map***
1. *Did you send Grandma a card for Christmas / a Christmas card?* 2. *Max sent us a beautiful card / postcard from Italy.* 3. *Where is Worcester? I can't find it on the map.* 4. *Do you want to play cards with us?* 5. *The menu in this restaurant hasn't (been) changed for years.*

Test 42 ***careless, carefree***
1. *These days a childhood is no longer as carefree as adults like to believe.*
2. *A cigarette carelessly thrown away can cause a fire.* 3. *Don't be so careless!*
4. *Until the death of his wife he led a carefree life.*

Test 43 ***carry, wear***
1. *I don't like wearing expensive jewellery.* 2. *When the sun shone he wore sunglasses and when the weather was bad he carried an umbrella.*

Test 44 ***cell(ular) phone, mobile phone, handy***
1. Hast du zufällig einen Stift zur Hand? 2. *Cell(ular) phones / mobile phones are unwelcome in many restaurants.* 3. Hast du mein praktisches kleines Handy gesehen?

Test 45 ***chain, necklace***
1. *necklace* 2. *chain*

Test 46 ***chair, seat***
1. *chairs* 2. *seat* 3. *seats* 4. *chairs* 5. *chairs*

Test 47 ***change, confuse, mix up***
1. *Can you change 10 pounds?* 2. *It's not yet too late to change our plans.* 3. *I will never confuse / mix up "change" and "confuse" again.*

Test 48 ***channel, programme***
1. *What's your favourite programme?* 2. *MTV is Marilyn's favourite channel.*

Test 49 ***choose, elect, vote for***
1. *The committee elected Pauline Murphy chairwoman yesterday.* 2. *Have you chosen a new carpet yet?* 3. *Virginia Wood was elected most popular teacher, although I voted for Scott Thomas.* 4. *We could choose between apple pie and cheese cake.*

Test 50 ***cloth, clothes***
1. *cloth* 2. *clothes* 3. *cloth*

Test 51 ***consist of, include***
1. *One free drink was included in the price.* 2. *What does this cocktail consist of?* 3. *Is breakfast included in your offer?* 4. *The novel consists of ten chapters.*

Test 52 ***cook, boil***
1. *boil* 2. *boils* 3. *cook* 4. *cooking*

Test 53 ***cook, chef, cooker***
1. *Would you recommend a gas cooker?* 2. *I'd like to become a cook /chef one day.* 3. *A good cook /chef can cook well even on a camping cooker.*

Test 54 ***corn, maize***
1. *I would like two cans of corn, please. What grain is this bread made of?* 2. *I don't like tinned maize.* 3. *Sometimes I help my uncle harvest the corn.*

Test 55 ***cry, shout, shout at, shout to***
1. *shouts* 2. *cry* 3. *shout at* 4. *shout* 5. *crying/to cry*

Test 56 ***curious, strange***
1. Sei nicht so neugierig! 2. *Isn't Herbert a strange man?* 3. Seltsamerweise lebt Marvin mit 27 immer noch bei seinen Eltern. 4. Ich bin neugierig, ob Kelly ihre Prüfung diesmal bestanden hat.

Test 57 ***custom, habit***
1. *custom* 2. *habit* 3. *custom* 4. *habit*

Test 58 ***damage, damages***
1. *Is/Was; damage* 2. *damages; damage* 3. *damages are*

Test 59 ***date, data***
1. *date* 2. *data* 3. *date* 4. *data*

Test 60 ***date, appointment***
1. *Wow! You've got a date with Marvin tonight?* 2. *Could you make an appointment at the dentist's for me?* 3. *Has the date of our next meeting been set yet?* 4. *Simon has his first date tonight.*

Test 61 ***dead, died***
1. *When did Napoleon die?* 2. *Is your grandma still alive? – No, she's been dead for two years / she died two years ago.* 3. *Mae's father died when she was still a child.*

Test 62 ***deal in, deal with***
1. *Ronald dealt in this and that, but he never had a proper job.* 2. *What does this speech deal with?* 3. *He used to deal in cars, today he deals in houses.*

Test 63 ***deny, refuse***
1. *refused* 2. *deny* 3. *denied* 4. *denied; refused*

Test 64 ***depend on, be dependent on***
1. *Whether or not Eric can come depends on his schedule.* 2. *Barbara is dependent on her parents' money.* 3. *Richard will be dependent on medicines throughout / all his life.*

Test 65 ***desert, dessert***
1. *dessert* 2. *desert* 3. *desert* 4. *dessert*

Test 66 ***deserve, earn***
1. *What have I done to deserve this!* 2. *How much does Margaret earn?* 3. *I think you deserve a holiday.*

Test 67 ***difficult, hard, heavy***
1. *difficult / hard* 2. *heavy* 3. *difficult / hard* 4. *difficult / hard; heavy*

Test 68 ***disinterested, uninterested***
1. *You are such a bore. You are so uninterested in everything!* 2. *I don't think that his offer was totally disinterested.* 3. *How can one be so uninterested in politics!*

Test 69 ***during, for***
1. *for; During* 2. *For* 3. *During; for*

Test 70 ***during, while***
1. *while* 2. *While* 3. *during* 4. *during*

Test 71 ***each, every***
1. *Each* 2. *each* 3. *Every* 4. *Each / Every* 5. *each* 6. *each / every*

Test 72 ***earn, gain, win***
1. *gained* 2. *win* 3. *earn* 4. *win* 5. *gain*

Test 73 ***easy, light, slight***
1. *My solution is slightly different to yours.* 2. *Was the exam easy?* 3. *Your suitcase is slightly lighter than mine.* 4. *Should I carry the bag for you? – No thanks, it's very light.* 5. *The slight strain was too much for the patient.*

Test 74 ***elder, eldest, older, oldest***
1. *Is your sister older or younger than you?* 2. *Toby is two years older than his sister.* 3. *Sam's eldest / oldest child is five years old.* 4. *Who is the oldest pupil in the class?*

Test 75 ***emigrate, immigrate, migrate***
1. *It not as easy as it used to be to immigrate into the USA.* 2. *In winter many elderly people migrate to the south like migratory birds.* 3. *In many countries opponents of the regime are forced to emigrate.*

Test 76 ***end, finish***
1. *end* 2. *finished* 3. *finish* 4. *end*

Test 77 ***engaged, committed***
1. *Brian is a very committed teacher.* 2. Der Doktor ist gerade anderweitig beschäftigt. Kann er Sie später zurückrufen? 3. Stimmt es / Ist es wahr, dass Charlotte mit Raymond verlobt ist?

Test 78 ***everyday, every day***
1. *every day* 2. *everyday* 3. *everyday*

Test 79 ***everyone, every one***
1. *everyone* 2. *every one* 3. *Every one* 4. *everyone; every one*

Test 80 ***exciting, excited***
1. *excited* 2. *excited* 3. *exciting* 4. *excited*

Test 81 ***exhausted, exhausting, exhaustive***
1. *exhaustive* 2. *exhausted* 3. *exhausted* 4. *exhausting* 5. *exhaustive*

Test 82 ***expect, wait for***
1. *I expect him around three o'clock.* 2. *I waited for him for hours.* 3. *Do you expect me to wait for him any longer?*

Test 83 ***explode, exploit, explore***
1. *exploits* 2. *exploded* 3. *explored* 4. *exploited*

Test 84 ***fabric, factory***
1. *factory* 2. *fabric* 3. *fabrics* 4. *factory*

Test 85 ***fantasy, imagination***
1. *imagination* 2. *fantasy* 3. *imagination*

Test 86 ***far, a long way***
1. *far* 2. *far* 3. *a long way* 4. *Far* 5. *a long way*

Test 87 ***fare, ticket***
1. *Carl bought tickets for the whole class.* 2. *Wait for me! I still have to pay my fare!*

Test 88 ***farther, further***
1. *further* 2. *farther* 3. *farther*

Test 89 ***fault, mistake, error***
1. *mistakes / errors* 2. *fault* 3. *mistake / error*

Test 90 ***favourable, in favour of***
1. Die Kommentare über das Fußballspiel waren nicht gerade positiv. 2. Bist du / Sind Sie für oder gegen Kernenergie?

Test 91 ***fee, payment***
1. *fee* 2. *payments* 3. *payment* 4. *fee*

Test 92 ***female, feminine***
1. *female* 2. *feminine* 3. *female* 4. *feminine*

Test 93 ***fight, quarrel***
1. *fought* 2. *quarrel* 3. *quarrel; fighting*

Test 94 ***find, found***
1. *find* 2. *founded* 3. *found* 4. *found*

Test 95 ***first floor***
1. *Where are the stairs to the third floor, please?* 2. *Is Mr Miller's office on the ground floor or on the second floor?*

Test 96 ***fit, suit, match***
1. *suit* 2. *fit* 3. *match* 4. *fit* 5. *match; suit*

Test 97 ***flesh, meat***
1. *meat* 2. *flesh* 3. *flesh* 4. *flesh* 5. *meat*

Test 98 ***flood, high tide***
1. *high tide* 2. *high tide* 3. *floods* 4. *flood*

Test 99 ***foreigner, stranger***
1. *Foreigners* 2. *stranger* 3. *foreigners* 4. *strangers* 5. *foreigners*

Test 100 ***form, formula***
1. *Is there a connection between form and content in this poem?* 2. *I hate filling in forms.* 3. Gibt es für dieses mathematische Problem eine Formel?

Test 101 ***free, liberal, vacant***
1. *vacant* 2. *liberal* 3. *free* 4. *vacant* 5. *free* 6. *vacant* 7. *liberal*

Test 102 ***friendly to, friendly with***
to; with; to; with

Test 103 ***fun, funny***
funny; fun; funny; fun; funny; funny; fun

Test 104 ***furthermore, also, too***
too; also; also; Furthermore; also; Furthermore; too; also; Furthermore

Test 105 ***game, play, match***
1. *game* 2. *play* 3. *play* 4. *plays* 5. *match* 6. *play* 7. *match*

Test 106 **Genitiv *'s*, *of*-Genitiv**
1. *our teacher's dog* 2. *the door of the house* 3. *Sally's parents' car* 4. *the legs of the chair* 5. *the horse's tail* 6. *my friends' house* 7. *the name of that street*

Test 107 ***gently, politely, gentle, polite***
1. *gently* 2. *politely* 3. *politely* 4. *polite* 5. *gently*

Test 108 **Gerund nach der Präposition *to***
1. *I am used to eating three times a day.* 2. *We are looking forward to visiting New York.* 3. *Do you object to working for me?* 4. *I just don't get around to writing the letter.*

Test 109 ***get to know, meet, know***
meet; know; met; know / have got to know; get to know; knows; know; got to know; meeting

Test 110 ***get up, stand up***
1. *get up* 2. *get up* 3. *stand up* 4. *get up* 5. *stood up* 6. *stood up*

Test 111 ***go on to do, go on doing***
1. *First Joan brushed her teeth, then she went on to comb her hair.* 2. *After a short break I'm going to go on doing my homework.* 3. *Go on talking!* 4. *After Henry had washed the dishes he went on to clean the windows.*

Test 112 ***ground, floor, bottom, earth, soil***
1. *bottom* 2. *earth* 3. *ground* 4. *soil* 5. *earth* 6. *floor* 7. *floor* 8. *earth* 9. *ground*

Test 113 ***grow, grow up***
1. *growing* 2. *grew up* 3. *is growing up / grew up* 4. *growing* 5. *grows* 6. *grow*

Test 114 ***happen, occur, take place***
1. *happen / occur* 2. *happen* 3. *take place* 4. *happen* 5. *happen*
6. *What happened next?* 7. *I happened not to be at home when you called.* 8. *The wedding takes place at three o'clock.*

Test 115 ***have sth. done, let sb. do sth., make sb. do sth.***
1. *My father never lets me go to the disco.* 2. *Our teacher always makes us do a lot of homework.* 3. *I am having my car washed.* 4. *I have just washed my car.*

Test 116 ***heaven, sky***
1. *sky* 2. *sky* 3. *Heaven*

Test 117 ***here, there***
1. *here; there* 2. *here* 3. *there; here; there; here*

Test 118 ***high, tall***
1. *high* 2. *tallest* 3. *tall* 4. *high* 5. *taller*

Test 119 ***historic, historical***
1. *This is a historic place.* 2. *In Scotland it's a historic tradition to drink whisky.* 3. *I love talking about historical figures.* 4. *There is no historical proof that Cleopatra was blonde.*

Test 120 ***history, story***
1. *history; stories; history* 2. *stories* 3. *story* 4. *History*

Test 121 ***hole, whole***
whole; hole; whole; hole

Test 122 ***home, at home***
1. *at home* 2. *home* 3. *home* 4. *at home*

Test 123 ***house, home***
1. *house* 2. *Home* 3. *home; house* 4. *home*

Test 124 ***human, humane***
1. *human* 2. *human* 3. *human* 4. *humane*

Test 125 ***institute, institution***
1. *institutes* 2. *institution* 3. *Institute*

Test 126 ***interested, interesting***
1. *interested; interesting* 2. *interesting, interested* 3. *interested* 4. *interesting*

Test 127 ***job, piece of work, work, working place***
1. *work; job* 2. *workplaces* 3. *work* 4. *workplace; work* 5. *piece of work* 6. *works*

Test 128 ***journey, travel, trip, voyage***
1. *trip* 2. *travels* 3. *voyage* 4. *journey* 5. *tour*

Test 129 ***justice, legal authorities***
1. Wir wollen Gerechtigkeit für jeden. 2. Pams Vater ist Richter. 3. Wir müssen uns in dieser Angelegenheit mit der Justiz in Verbindung setzen. 4. Diese Gesetze sind ein Zeichen von Gerechtigkeit.

Test 130 ***leave, leave alone***
1. *Mary leaves at eight o'clock every day.* 2. *Jim is leaving his old company after 20 years.* 3. *Why can't you just leave me alone?* 4. *I'm not going to leave my husband for this man.*

Test 131 ***lift, elevator***
1. *"Yesterday I got stuck in the elevator. Then finally Tim arrived to free me and gave me a ride home."* 2. *"Yesterday I got stuck in the lift. Then finally Tim arrived and gave me a lift home."*

Test 132 ***little, small***
1. *little* 2. *small* 3. *little* 4. *little* 5. *small* 6. *little; small*

Test 133 ***look* + Präposition**
1. *I'm looking for a new flat.* 2. *Look at this old man!* 3. *Sam is looking forward to the holidays.* 4. *I'm looking after my sick brother.* 5. *Last week Sue looked around her new school.* 6. *You look like your sister today.* 7. *In big towns you have to look out for pickpockets.*

Test 134 ***loose, lose, loosen***
1. *lost* 2. *loose* 3. *lost* 4. *loose* 5. *loosen* 6. *lose*

Test 135 ***mad, angry, crazy***
1. *"Last week the lead singer of the band, Peter Black, was very mad at his manager. He said to him, 'You are crazy. I'm not mad about women.' But the fans think so, and the girls especially are mad about his music."* 2. *"Our fans are mad about our bodies. Some girls do such mad things that their parents are angry with us. But it's not our fault."*

Test 136 ***male, masculine***
1. *male* 2. *male* 3. *masculine* 4. *masculine* 5. *Male*

Test 137 ***marriage, wedding***
marriage; wedding; wedding; marriage; marriage

Test 138 ***means***
1. *I don't have the means to buy a new car.* 2. *Cheques are a good means of payment.* 3. *TV is a good means of communication.*

Test 139 ***medieval, middle-aged***
1. *middle-aged* 2. *medieval* 3. *medieval* 4. *middle-aged*

Test 140 ***memory, souvenir***
1. *memory* 2. *souvenir* 3. *memories* 4. *memory* 5. *souvenir*

Test 141 ***must, have to***
1. *I don't feel good, I must go to hospital.* 2. *Jill has to pay a parking fine.* 3. *Yesterday I had to get up very early.*

Test 142 ***need, needn't, use***
1. *need / use* 2. *need* 3. *used* 4. *needn't* 5. *use*

Test 143 ***noise, sound***
1. *noise* 2. *sound* 3. *sound* 4. *noise* 5. *noise*

Test 144 ***note, notice***
1. *notes* 2. *notes* 3. *notice* 4. *note* 5. *notes* 6. *notes* 7. *notice* 8. *notice*

Test 145 ***notice, remark***
1. *notice* 2. *remarked* 3. *remarked; noticed* 4. *noticed* 5. *remark*

Test 146 ***object, subject, theme***
1. *object* 2. *subject* 3. *subject* 4. *theme*

Test 147 ***occasion, opportunity, chance***
1. *occasion* 2. *chance / opportunity* 3. *occasion* 4. *opportunities*

Test 148 ***on the one hand ... on the other hand, on the one / other side***
1. *On the one hand she looks young, but on the other hand she has grey hair.*
2. *Listen to the other side of the record, it is much better.*

Test 149 ***oneself, by oneself***
1. *yourself* 2. *by yourself* 3. *by herself* 4. *myself* 5. *ourselves* 6. *themselves*

Test 150 ***opposite, in front of, opposed to***
1. *opposite* 2. *opposed to* 3. *in front of* 4. *Opposite* 5. *in front of*

Test 151 ***or, otherwise***
1. *Julian is a bit tired but otherwise he is fine.* 2. *Are you going to the cinema today or tomorrow?* 3. *Hurry up, otherwise I'll get angry.*

Test 152 ***ordinary, vulgar***
1. *Stop using such vulgar words!* 2. *This is nothing special, it's just an ordinary tea.*
3. Wie war dein Tag? – Ganz gewöhnlich.

Test 153 ***pair nouns***
1. *Where are my binoculars?* 2. *These scissors are too dangerous for you.* 3. *I would like to buy a pair of / some trousers. I like these ones.* 4. *Where did you buy your pyjamas? They're very nice. – But they weren't very expensive!* 5. *These jeans are very dirty, don't you want to wash them?* 6. *Here are two pairs of shorts for you; do you like them?*

Test 154 ***pants, trousers, underpants***
1. *"Sam wears silk underpants with buttons. Oliver feels good in these comfortable Ducata pants."* 2. *"I'd like to buy a pair of trousers and I need some new pants."*

Test 155 ***pass an exam, take an exam***
1. *take; passed* 2. *take; pass* 3. *pass*

Test 156 ***personal, personnel***
1. *personal* 2. *personnel* 3. *personnel* 4. *personal* 5. *personal*

Test 157 ***place, room, seat***
1. *room* 2. *seats* 3. *place* 4. *room* 5. *place*

Test 158 ***practise, train***
1. *trains* 2. *practised / trained* 3. *trained* 4. *trained* 5. *practised* 6. *trained* 7. *practises*

Test 159 ***precede, proceed***
1. *preceding* 2. *proceed* 3. *proceeding* 4. *preceded* 5. *preceding*

Test 160 ***pregnant, concise***
1. *I want a short and concise answer: Do you love me or not?* 2. Hast du / Habt ihr gehört, dass Sues Mutter wieder schwanger ist? 3. *I read a concise summary of what had happened in the newspaper.*

Test 161 ***prevent, protect, deter***
1. *protect* 2. *deter* 3. *deterred* 4. *prevent* 5. *protect*

Test 162 ***progressive form after "always", "never" etc.***
1. *He's always disturbing me when I'm studying.* 2. *My parents are never helping us when we are in trouble.* 3. *Strange, I'm always meeting my neighbours when I'm in Italy.* 4. *This damned car is always breaking down!*

Test 163 ***proof, prove***
1. *prove* 2. *proof* 3. *proof* 4. *proof* 5. *prove*

Test 164 ***purse, handbag, billfold, wallet***
1. *"I'd like to report my purse stolen. An expensive wallet and my billfold were in it."*
2. *"Lost property: 1 red purse, 1 handbag, 3 keys, 1 brown wallet."*

Test 165 ***quiet, quite***
1. *quite* 2. *quite; quiet* 3. *quiet* 4. *quite* 5. *quiet*

Test 166 ***rare, scarce***
1. *I saw a very rare butterfly yesterday.* 2. *Medicines are scarce in the Third World.* 3. *This is a very rare fish. It is very expensive.*

Test 167 ***realize, recognize***
1. *Tony realized that he should have married Mary.* 2. *Do you think you can realize all your dreams?* 3. *I don't recognize you in this photo.*

Test 168 ***regret to do, regret doing***
1. *to inform* 2. *not having married* 3. *writing* 4. *to tell*

Test 169 ***relief, relieve***
1. *relieves* 2. *relief* 3. *relief* 4. *relieve* 5. *relieve*

Test 170 ***remember to do, remember doing***
1. *Do you remember Mr Miller?* 2. *Yes, I remember meeting him at a party.*
3. *I vaguely remember talking to him about you.* 4. *Remember to phone him tomorrow.*

Test 171 ***safe, save***
1. *safe* 2. *saved; safe* 3. *safe* 4. *safe* 5. *Save*

Test 172 ***safe, sure, certain***
1. *safe; sure / certain* 2. *safe; sure; safe* 3. *safe* 4. *sure* 5. *sure / certain*

Test 173 ***salad, lettuce***
1. Als ich letztes Jahr eine Diät gemacht habe, habe ich drei Monate lang nur Salat gegessen. 2. Du musst ein paar Tomaten und Kopfsalat kaufen.

Test 174 ***say, tell***
1. *told* 2. *Say* 3. *Tell; tell* 4. *said; tell* 5. *told*

Test 175 ***scrupulous, unscrupulous***
1. Douglas ist ein sehr gewissenhafter Arbeiter. 2. Nimm dich vor David in Acht, er ist wirklich skrupellos. 3. Mr White untersuchte alles sehr gründlich.

Test 176 ***search, search for***
1. *searched* 2. *searching for* 3. *have searched; search for*

Test 177 ***silicon, silicone***
1. *silicone* 2. *Silicon* 3. *Silicon* 4. *Silicone*

Test 178 ***snake, snail***
1. *Yesterday we saw some dangerous snakes in the zoo.* 2. *Snails are disgusting!*

Test 179 ***so, so that***
1. *so* 2. *so that* 3. *so* 4. *So*

Test 180 ***so, such***
1. *so* 2. *such* 3. *so* 4. *Such*

Test 181 ***some time, sometimes***
1. *Some time* 2. *sometimes* 3. *some time* 4. *some time; sometimes*

Test 182 ***stand, stay***
1. *stay* 2. *staying* 3. *standing* 4. *staying; standing*

Test 183 ***stop doing, stop to do***
1. *I'm hungry. Let's stop to eat something.* 2. *Stop teasing your brother!*

Test 184 ***subway, underground, underpass***
1. *subway; underpass; subway* 2. *London has a very famous underground. The traffic in the city is chaotic, which is why there are a lot of subways.*

Test 185 ***sympathetic, pleasant, likeable***
1. *Mr Jones is one of my most likeable / pleasant teachers.* 2. Kannst du dir vorstellen, dass ein so unsympathischer Mann wie er so mitfühlend sein konnte? Unglaublich! 3. *My new neighbours are very likeable / pleasant.* 4. *Dean, you are not very sympathetic today.*

Test 186 ***their, there***
1. *there; their* 2. *their* 3. *there* 4. *Their; there*

Test 187 ***this, that***
1. *this* 2. *that* 3. *that*
1. *Do you know these men here?* 2. *Have you ever seen those women over there?*
3. *Look at those ladies over there in the corner.*

Test 188 ***threaten, treat,***
1. Behandle meine Tochter gut! 2. John bedrohte seinen Bruder mit einer Pistole.

Test 189 ***in time, on time***
1. *in* 2. *in* 3. *on* 4. *on*

Test 190 ***trace, track, trail***
1. *trail* 2. *traces* 3. *tracks* 4. *track(s)*

Test 191 ***try to do, try doing***
1. *buying* 2. *to eat* 3. *to phone; calling* 4. *to sleep*

Test 192 ***uncountable nouns***
1. *The doctor has given me some good advice.* 2. *Is there any evidence for this statement?* 3. *My hair is too short, I don't like it.* 4. *Tom's furniture is still in his old house.* 5. *There is no proof that Peter did the damage in the house.* 6. *Has my son made any progress at school?* 7. *I have got some new information about your husband.*

Test 193 ***undertaker, businessman***
1. Wir empfehlen allen Bestattungsunternehmern, ein Konto bei unserer Bank zu eröffnen. 2. *The businessmen in Germany earn a lot of money.*

Test 194 **unregelmäßige Pluralformen**
1. *In the zoo the children look at the fish and the geese.* 2. *There are oxen and sheep and also a few mice on Sam's farm.* 3. *The men and women in Russia have not forgotten the former crises in their country.* 4. *I forgot to brush my teeth this morning.* 5. *Your feet are dirty; please go and have a shower!*

Test 195 ***very, much***
1. *much; very; much* 2. *very* 3. *much* 4. *much; very*

Test 196 ***whereas, while***
1. *While I was in the bedroom the telephone rang in the living-room.* 2. *I usually stay at home, whereas my husband goes out with other women.* 3. *Cindy likes romantic films, whereas her boyfriend hates them.* 4. *While we were enjoying our holiday my father was working.*

Test 197

who, which, that

1. *who / that* 2. *which / that* 3. *who / that* 4. *who* 5. *which* 6. *who* 7. *who / that* 8. *which* 9. *who / that* 10. *which / that* 11. *who / that* 12. *who* 13. *This is the woman who / that won the lottery last week.* 14. *The trial, which lasted for more than three years, came to an end in May.* 15. *Kevin, who hates going to school, will attend an American high school for one year.*

Test 198

whose, who's

1. *Who's* 2. *whose* 3. *whose* 4. *Who's*

Test 199

yet, still, already

1. *still; yet* 2. *yet; still* 3. *still (already)* 4. *still* 5. *yet; still*

Test 200

you, one they

1. *They* 2. *You* 3. *One* 4. *They*

Stichwortverzeichnis

(Die Zahlen geben die **Kapitelnummern** an, nicht die Seitenzahlen.)

A

B

C

D

E

F

G

M

N

O

P

T

U

V

W

Y

Z